행복한 동행

# 행복한 동행

| | | | | |
|---|---|---|---|---|
| 발행일 | 2015년 6월 30일 | | | |
| 지은이 | 박 병 호 | | | |
| 펴낸이 | 손 형 국 | | | |
| 펴낸곳 | (주)북랩 | | | |
| 편집인 | 선일영 | 편집 | 서대종, 이소현, 김아름, 이은지 | |
| 디자인 | 이현수, 윤미리내, 임혜수 | 제작 | 박기성, 황동현, 구성우, 이탄석 | |
| 마케팅 | 김회란, 박진관, 이희정 | | | |
| 출판등록 | 2004. 12. 1(제2012-000051호) | | | |
| 주소 | 서울시 금천구 가산디지털 1로 168, 우림라이온스밸리 B동 B113, 114호 | | | |
| 홈페이지 | www.book.co.kr | | | |
| 전화번호 | (02)2026-5777 | 팩스 | (02)2026-5747 | |

ISBN    979-11-5585-650-5 03320 (종이책)   979-11-5585-651-2 05320 (전자책)

이 도서의 국립중앙도서관 출판예정도서목록(CIP)은 서지정보유통지원시스템 홈페이지(http://seoji.nl.go.kr)와 국
가자료공동목록시스템(http://www.nl.go.kr/kolisnet)에서 이용하실 수 있습니다.
(CIP제어번호 : CIP2015017181)

박병호 지음

# 행복한 도행

담원 박병호가 들려주는
성공 그리고 행복에 관한 95가지 이야기

북랩 book Lab

글을 쓰면서 이렇게 힘든 상황을 극복하면서 마침내 역경을 뒤집어 경력으로 만들었다는 성공담을 들려주고 싶진 않았다.

성공하기 위해서는 나처럼 생각하고 행동해야 된다는 교과서적 처방전을 주려는 목적도 없다. 오히려 성공한 결과를 보여주기보다 성취하면서 성장하고, 성숙하면서 아팠던 내 삶의 굴곡과 얼룩을 진솔하게 보여주고 싶다.

이 책은 뜨거운 열정과 야망을 불태울 수 있는 영원한 청춘으로 살아가고픈 한 남자의 이야기다. '빨리 가려면 혼자 가고 멀리 가려면 함께 가라.'는 말처럼 함께 했던 소중한 만남과 소중한 추억이 담겨져 있다.

'무슨 일이든 10년을 하면 그저 조금 알 것 같고 20년을 하면 전체적으로 파악이 되고, 30년을 하면 비로소 그 일에 대해 자신할 수 있다.'라는 말이 있다.

행 복 한
동       행

30대에 첫 번째 책을 집필하게 되어서 설레고 너무 기쁘고 누군가에게 꼭 들려주고 싶은 이야기가 있다는 것에 감사하다.

'사람은 책을 만들고 책은 사람을 만든다.'는 말처럼 나의 첫 번째 책인 『행복한 동행』은 나 혼자만의 책은 아니다.

나는 가난한 집안 형편으로 여러 가지 일을 닥치는 대로 해야 했다. 그 삶이 고되고 피곤하고 힘들었지만 긍정적인 생각을 하며 메모를 하게 되었다. 그러나 열심히 살면 언젠가는 반드시 열매를 맺는다는 각오로 지내 오면서도 성과를 내고 있는지 등을 살피지도, 살피는 방법도 알지 못한 채 그저 시간에 쫓겨 살고 있었다.

나는 이런 문제를 해결하기 위해 방법을 찾았다. 그리고 해답은 언제나 책에 있다는 말을 듣고 책읽기에 몰입했다. 그러다 보니 나도 누군가에게 문제를 해결할 수 있는 해답을 주는 경험담을 차근차근 쌓아둘 수 있었다.

이 책을 준비할 때 아내는 격려와 함께 너무 기대하지 말라고 조언해 주었다. 그 말은 험한 풍파 속에서 내 마음에 편안함을 주었다. 아내는 이 책의 또 다른 저자이다.

이번에 처음 공개되는 책이라 나의 모든 지식과 경험을 쏟아냈다. 책을 쓰면서 스스로 한 단계 더 성장할 수 있었던 것 같다. 내 인생의 엑기스를 담은 이 책이 조금이나마 읽는 분들의 인생에 보탬이 될 수 있었으면 한다.

# C / O / N / T / E / N / T / S

행　복　한

동　　　행

이　야　기

# 응답하라 1994

어려움 속에서도 희망만은 놓지 않았다. 가난 때문에 중학교 2학년 때부터 신문을 돌리며 돈을 벌어야 했다. 어느 날, 나는 태권도장에서 운동하고 땀 흘리는 게 일상이 되어버렸다.

어려운 상황에 있었고 힘들게 자랐지만, 절대 나쁜 길로 가겠다고 생각하지 않았다. 성공하겠다. 진짜 더 열심히 살겠다는 생각을 더 많이 했었다.

중3 때 태권도 수련했던 사진을 보니 무척 어색하고 촌스럽고 그리고 유치하기까지 하다.

# 내 인생의 책 세 권은
# 이런 게 아닐까?

사람은 일생 동안 세 권의 책을 쓰는 것 같다.

과거….

제1권은『과거』라는 이름의 책이다. 이 책은 이미 집필이 완료되어
책장에 꽂혀있다.

현재….

제2권은『현재』라는 이름의 책이다. 이 책은 지금의 몸짓과 언어 하
나하나가 그대로 기록된다.

미래….

제3권은『미래』라는 이름의 책이다.

그러나 셋 중에서 가장 중요한 것은 제2권이다. 1권과 3권은 부록
에 불과하다.

오늘을 얼마나 충실하게 사느냐에 따라 인생의 방향이 완전히 달라진다.

인생은 연령에 따라 각기 다른 키워드를 갖는다.

10대는 공부.
20대는 이성.
30대는 생활.
40대는 자유.
50대는 여유.
60대는 생명.
70대는 기다림으로 채워진다.

돈을 벌려면 투자를 해야 하는 것처럼 내일을 벌려면 오늘을 투자해야 한다.
과거는 시효가 지난 수표이며 미래는 약속어음일 뿐이다.
그러나 현재는 당장 사용이 가능한 현찰이다.

오늘 게으른 사람은 영원히 게으른 것이다.
오늘은 이 땅 위에 남은 내 첫 날이다!
아자, 아자! 내일을 향해 쏴 봐!




행 복 한
동     행

인생은 한 권의 책과 같다.

어리석은 이는 마구 넘겨버리지만 현명한 사람은 열심히 읽는다.

단 한번밖에 인생을 읽지 못한다는 것을 알고 있기 때문이다.

— 괴테 —

# 처음 그 느낌처럼

지금 할 일이 생각났다.
오늘 저녁은 맑지만 내일은 먹구름이 보일지 모른다.
어제는 이미 나의 것이 아니다.
지금이 중요하다.

친절한 말 한마디가 생각난다.
그래서 지금 글을 쓴다.
내일은 없다.

우리가 무언가에
싫증을 낸다는 것은
처음 가졌던 나름대로 소중한 느낌들을
쉽게 잊어가기 때문이다.

내가 왜 이 물건을 사게 되었을까?

행 복 한
동      행

내가 왜 그런 다짐을 했던가?
하나둘씩 생각하다 보면
그 처음의 좋은 느낌들을
어렵지 않게 찾을 수 있다.

세월은 가는 것도
오는 것도 아니며 시간 속에
사는 우리가 가고 오고
변하는 것일 뿐이다.
세월이 덧없는 것이 아니고
우리가 예측할 수 없는
삶을 살기 때문에 덧없는 것이다.

인생의 목적은?
'박병호' 이 사람은 뭐지?
가치 있는 사람이 되자
최선을 다하는 사람이 되자
쓸모 있는 사람이 되자
남 다른 사람이 되자
아무것도 변하지 않을지라도 내가 변하면 모든 것이 변한다.

오늘도 난 흰 도화지에 그림을 그리며
상상의 날개를 펼친다.
그것이 나비가 되었다고 해도….

# 남들보다 내 자신이
# 가진 것을 보라

두 개의 세상이 있다.

1년에 자신은 10만 달러를 벌고 다른 사람들이 5만 달러를 버는 세상과 1년에 자신은 25만 달러를 벌고 다른 사람들은 50만 달러를 버는 세상이다.

당신은 어떤 세상에서 살고 싶은가?

대부분의 사람들은 첫 번째 세상을 선택한다고 한다.

비록 25만 달러보다 적은 10만 달러를 벌더라도 다른 사람들보다 많이 벌기만 한다면 행복하다고 여기는 것이다.

또한 아무리 많은 돈을 벌더라도 다른 사람들이 자신보다 더 많이 번다면 배가 아파서 못 살겠다는 심리다.

분명 옛날보다 잘 살게 되었지만 불행하다는 사람들이 많아진 이유이다. 자신보다 잘 사는 사람들만 보고 자신보다 못 사는 사람들을 보지 않기 때문이다.

자신에게서 행복이 보이지 않는다면 자신보다 나은 사람만을 보고 있기 때문이다.

남들과 비교해서 자신이 가지지 못한 것만을 바라보고 얻으려고 하기 때문이다.

불행하다고 느끼고 있으면 자신보다 잘 사는 사람들을 보는 눈을 자신보다 못 사는 사람들을 향해 돌려야 한다.

자신이 가지지 못한 것을 얻으려는 노력보다 자신이 가진 것을 나누려는 노력이 필요하다.

자신이 가진 것을 보면 하나둘 보이기 시작한다. 자신이 가지고 있는 수많은 것들이, 내가 가진 수많은 행복들이 보인다. 내가 남들에게 줄 수 있는 행복들이 보인다.

오늘 나는 어디를 보고 있는가?

나보다 남들이 더 많이 가진 것을 보지 않고, 남들보다 내가 더 많이 가진 것을 보고 있다면 나의 오늘은 분명 행복한 날이다.

"나에게는 무엇이 있는가."를 생각해 본다. 이것은 "나에게는 무엇이 없는가."를 생각하는 것보다 훨씬 소중한 일이다.

# 친할 '친(親)' 입 '구(口)'

친구란 '가깝게 오래 사귄 사람'이란 뜻이다.

여러분은 친구가 있는가?

물론 있을 것이다. 사업파트너, 직장 동료, 동호회 친구, 학교 동문 등등.

친구가 많아도 친구들에게 일급비밀을 털어 놓을 수 있는 친구는 거의 없다. 오히려 그런 친구들은 자기의 과거를 숨기고 좋은 모습만 보

이려고 한다. 그래서 항상 외롭다.

휴대폰에 수많은 친구들의 번호가 있고 마음 터놓을 수 있는 친구들의 번호를 찾지만 막상 전화를 걸려면 망설여지고 통화 버튼을 누르고는 '그냥 했어.'라고 하곤 한다.

나는 친구들을 많이 좋아했다.

유년 시절에는 무조건 친구였다. 만나면 너랑 나랑은 오늘부터 친구였다.


'의리! 의리!' 하며 보낸 시간이 있었지만 이제는 그런 친구들은 하나씩 떨어져 나가게 되었다. 지금 와서 곰곰이 생각해 보니 내가 좋아서 친구하자고 했던 게 아니라 술 사주고 밥 사주니까 친구가 되었던 것이다. 참 씁쓸하다.

친구들을 하나둘씩 떠나보내며 많은 친구들에게 상처를 받았고 심지어는 사업자금을 빌려주고는 받지도 못한 친구도 있었다.

가야 할 길이 다르거나 맞지 않은 친구와는 인연이 닿지 않았다. 그래서 나는 20대 후반부터 친구들을 가려서 만나게 되었다.

내가 이런 생각을 하고 이런 판단을 하게 된 것은 수많은 시간낭비와 돈 낭비를 해왔기 때문에 이제는 나의 발전을 위해 변화가 필요했기 때문이다.

내가 100만 원을 벌면 나보다 200~300만 원 더 벌 수 있는 친구를 만나자. 이것이 나의 첫 번째 원칙이었다. 두 번째 원칙은 나보다 못난 사람은 절대 만나지 않는다는 것이고, 세 번째 원칙은 나보다 나이 많은 선배나 직책이 높은 분들을 만나자는 것이었다.

이 세 가지 원칙 때문에 나 스스로 많은 발전과 도움이 되었고 견문을 많이 넓혔으며 사물과 세상을 좀 더 깊이 보게 되었다.

하지만 기쁠 때, 슬플 때 나눌 수 있는 친구가 필요할 때가 있다.

고향을 떠나 객지 생활을 하게 되면서 지금도 고향 친구가 생각이 난다. 그 친구들을 생각하면서 글을 띄운다.

친구야,
힘내라.
인생 별 거 없드라.
이래 생각 하믄 이렇고
저래 생각 하믄 저렇고
내 생각이 맞지도
넘 생각이 맞지도
정답은 없드라.
그냥 그러려니 하고 살자.

내가 잘나 뭐하고
넘이 잘나 뭐하노
어차피 한 세상 살다
한 줌의 흙으로 돌아갈 낀데.

화낸들 뭐하고
싸운들 뭐하노

행 복 한
동        행

져 주는 기 이기는 기고
뼈에 박히고 가시가 있는 말들도
우린 씹어 삼킬 가슴이 있잖아.

때로는 져주고
때로는 넘어가주고
때로는 모른 척해 주자.
그게 우리 아이가.

어차피 내 사람들인데
그기 무슨 소용 있겠노.
이왕 살다가는 세상
그 뭣이라꼬
안 되는 거 없고
몬할 것도 없다.

남은 세상
편하게 즐기다가
행복하게 사랑하는 사람들끼리
웃으면서
때론 눈물도 흘리고
때론 벅차오르고
인간답게!

멋지게 살다 가자.


그때까지 니 옆에 있고
함께 할 수 있는
누군가가 있다는 게 중요한 거 아이가.
니가 아프면 내도 아프고
니가 좋으면 나도 좋다.
내 심장이 대신 뛸 만큼.


인생 뭐 있나!


나! 저세상 갈 때 관 들어 주는
친구 하나 있으면 됐지 뭐!


그래, 우린 친구 아이가!

행 복 한
동      행

# 감동실화

김수미 씨가 심각한 우울증으로 고통을 겪고 있을 때였다고 한다. 나쁜 일은 한꺼번에 온다고 김수미 씨의 남편이 사업 실패를 겪으면서 빚더미에 올라 앉아 쩔쩔 매는 상황까지 맞았다. 돈이 많았던 친척들도 김수미 씨를 외면했다.

김수미 씨는 급한 대로 동료들에게 아쉬운 소리를 하면서 몇 백만 원씩 돈을 빌리고 있었다.

그런데 그 사실을 안 김혜자 씨가 김수미 씨에게 정색하며 말했다.

"애, 넌 왜 나한테는 돈 빌려 달라는 소리 안 해? 추접스럽게 몇 백씩 꾸지 말고 필요한 돈이 얼마나 되니?"

그리고 김수미 씨 앞에 자신의 통장을 꺼내 놓았다.

"이거 내 전 재산이야. 나는 돈 쓸 일 없어. 다음 달에 아프리카에 가려고 했는데 아프리카가 여기 있네. 다 찾아서 해결해. 그리고 갚지 마. 혹시 돈이 넘쳐나면 그때 주든가."

김수미 씨는 그 통장을 받아 지고 있던 빚을 모두 청산했다.

그 돈은 나중에야 갚을 수 있었지만 피를 이어받은 사람도 아니고 친해 봐야 남인 자신에게 자신의 전 재산을 내어 준 것에 김수미 씨는 큰 감동을 받았다고 한다. 입장이 바뀌어 김혜자 씨가 그렇게 어려웠다면 자신은 그럴 수 없었을 것이라고 하면서 말이다.

김수미 씨는 그런 김혜자 씨에게 이렇게 말했다고 한다.

"언니. 언니가 아프리카에 포로로 납치되면 내가 나서서 포로교환하자고 말할 거야. 나 꼭 언니를 구할 거야."

힘들고 어려울 때 자신을 위해 기꺼이 전 재산을 내어준 김혜자 씨에게 김수미 씨는 자신의 목숨도 내놓을 수 있을 정도의 강한 사랑을 품고 있는 것이다.

그런데 나는 아직도 참 속물인가 보다. 누군가에게 이런 친구가 되고 싶다는 생각보다 내게 이런 친구가 있었으면 하니 말이다.

행 복 한
동      행

# 나에겐 의리란

우리들은 툭하면 '의리, 의리' 하며 건배할 때도 "의리를 위하여!"라고 외친다. 의리 없는 사람의 친구가 되기보다는 의리 있는 사람의 원수가 되는 것이 더 낫다는 말도 있다.

그러나 한편 사람들은 요즘 세상에 의리가 어디 있느냐며 요즘은 그 의리 자리를 돈이 차지했다고 하고, 전에는 의리 때문에 목숨도 버린다고 했지만 요즘은 돈으로 사람 생명까지 살 수 있는 세상이며, 의리로 돈을 벌 수는 없지만 돈으로 친구를 살 수 있는 세상이라는 일리 있는 말도 한다.

그래도 의리파 남자들은 남자는 의리 빼면 시체라며 남자는 의리에 살고 의리에 죽는다고 하고 의리를 위해서라면 목숨이라도 바쳐야 한다는 것이 진짜 사나이라고 말한다.

의리를 생각하게 해 보는 영화 '신세계'를 보자.

이정재는 신세계 프로젝트 작전 설계자인 최민식이 심어놓은 잠입 경찰이다. 그는 항상 최민식에게 모든 일을 보고하지만 언제 자신을 배신할지 모르는 경찰과 형제의 의리로 대하는 황정민 사이에서 갈등하며 자신이 경찰이라는 사실이 들키면 죽음을 당할 수 있다는 것을 알고 있기에 그 상황에서 벗어나고 싶어 한다.

최민식은 이정재의 상관으로 그를 도구로만 보는 나쁜 사람이라기보다는 합당한 사람이며 경찰관으로 당연한 선택을 한다.

황정민은 조폭이기는 하지만 단순히 자신의 이익만을 생각하는 것이 아니라 의리를 생각하고 주위에 있는 사람까지 안을 줄 아는 인물이며 마지막까지 자신이 믿었던 이정재를 위해서 행동한다.

박성웅은 황정민의 라이벌이자 전형적인 악인이지만 오히려 그래서 순수한 인물이며 황정민을 이기고 싶어 하고 꽤나 잔혹한 야수 같지만 결과적으로는 외로운 사람이다.

주진모는 최민식의 친구이자 신세계 프로젝트를 조율하는 직업정신이 투철한 경찰이며 신세계 프로젝트가 실패해도 고작 죽기밖에 더 하겠느냐는 철저하게 직업적인 사람이다.

최일화는 조직의 부회장으로 원하는 것이 없는 척하면서도 야심을 드러내는 인물이며 꽤나 음흉한데 그리 쉽게 자신의 속내를 드러내지 않는 사람이다.

내가 보기에 '신세계'라는 영화는 선과 악이 모호한 영화이다.

우리가 착하다고 생각을 했던 사람들이 무조건적으로 착하지 않고 우리가 악하다고 생각을 했던 사람들이 단순히 악하지만은 않다는 것이 이 영화에 담겨 있다.

끝부분에 가서 새로운 세계가 도래한 것 같았지만 마지막 장면은 역시 아무것도 달라진 것이 없다는 것이 이 영화의 메시지인 것 같다.

결국 달라질 것이 없다면 황정민처럼 의리를 지키는 것이 더 낫지 않을까?

평소 의리만을 강조하고 고집하는 나의 생각이다.

# 양의 탈을 쓴 늑대

우리는 사회생활을 하면서 하루에도 수많은 사람들을 만난다.

그러나 우리가 살면서 만나지 말아야 될 사람들이 있다.

겉과 속이 다르고 말과 행동이 일치하지 않고 남을 해치려고 하는 '양의 탈을 쓴 늑대' 같은 사람을 만나지 말아야 나의 평안과 가족의 행복을 지킬 수 있다.

그렇기에 인간관계는 신중히 해야 한다.

너무 많은 사람을 사귀려다 보면 '양두구육(羊頭狗肉)' 같은 사람을 만나게 된다.

우리는 주변에서 사람을 잘못 만나서 망하는 사람들을 수없이 본다.

내가 도장을 운영하면서 깨달은 사실은 '삶의 넓이'보다는 '삶의 깊이'가 더 중요하다는 것이다. 친구관계를 포함한 모든 인간관계도 넓이보다는 깊이가 중요하다.

앞으로는 사람을 넓게 사귀기보다는 좋은 사람을 깊게 사귀자.

양의 탈을 쓴 늑대를 불쌍히 여기며….

# 나의 성장

나는 경북 영천이라는 시골에서 태어나 가난이란 큰 멍에를 지고 자라났다. 어린 나에게는 그것이 큰 아픔이었고 거기에서 벗어나기 위해 노력했으며 언제나 목표는 하나였다. 성장과정에서 나를 지키기 위해 몸부림치던 시절에 태권도를 알게 되었고 그것은 나를 새로 태어나게 하였다.

태권도장에 가는 시간만은 세상은 내 것과 같았고 나를 인정해 주는 관장님이 계셔서 가장 행복감에 젖어들곤 하여 그냥 좋아서 운동을 했다.

나는 어려서부터 태권도에 남달리 관심을 가지고 있으며 좋아했다. 태권도 얘기만 들려도 마음이 설레고 뛰었다.

국어사전에서 태권도를 찾아보면 '태(跆)'는 태풍처럼 힘 있게 뛰어 차는 발, 권(拳)은 무쇠처럼 단단한 주먹, 도(道)는 사람이 가야 할 올바른 길을 의미한다.

한동안은 액션영화에 빠져들어 동네방네 주변 체육관에서 운동을 한 번에 두 번, 세 번 한 적도 있었다. 그 당시 이소룡 영화는 하나도 빼 먹지 않고 봤다. 성룡이 나오는 영화 또한 나에게 더 없는 행복을 안겨주곤 했다.

어려운 집안 형편에도 태권도장을 다닐 수 있었던 이유는 부모님의 확고한 교육철학 때문이었다.

그렇게 시작한 태권도 수련은 점차적으로 나의 꿈이 되었으며 나의 인생이 되어갔다. 집에서 지내는 시간보다 태권도장에서 지내는 시간이 더 많았고 스승님(8단) 또한 그런 나의 모습을 보면서 귀여워 해 주시며 더 많은 것을 가르쳐 주셨다.

승급을 하여 띠가 바뀔 때마다 나의 실력은 점차적으로 눈에 띄게 좋아졌으며 처음 국기원 심사에 응시하여 합격했을 때는 세상을 다 가진 기분이었다. 유단자가 된 이후로 내 가방에는 항상 도복이 있었다. 학교 책가방을 챙기면서 책을 못 챙긴 적은 있어도 항상 도복을 먼저 챙겼다.

　어려운 형편에 수련비와 심사비 등은 큰 부담이 되었고 어머니는 태권도 수련을 반대도 많이 하셨지만 항상 아버지가 나의 든든한 후원자가 되어 수련비를 몰래 챙겨 주시곤 했다.

# 나의 군복무 시절

시무경찰3597기 군 안에서 생활
비록 짧은 시간이었지만
먼 훗날 소중한 추억으로 간직될 것이다

　　나는 의경생활을 하면서 언제나 잠이 부족했다. 경찰 업무의 80%를 맡고 있었던 의경답게 온갖 일을 다했다. 가장 중심이 되는 시위진 압에서부터 국민의 재산과 생명을 보호하는 방범순찰 그리고 주요 시설 경비 교통 근무까지….

　　지금 자신이 가고 있는 곳의 주위를 둘러 보자. 집 근처의 외국시설, 정치단체의 사무실, 도로의 한가운데 교차로 등 어느 곳에서나 의경을 볼 수 있다.

행　복　한

동　　　행

남들이 쉬는 휴일이면 더 많은 근무와 시위진압으로 피곤에 찌드는 의경들….

잠이 올 것 같지도 않은 경찰버스 안 좁은 곳에서 두꺼운 진압복을 입고 머리를 박은 채 잠시나마 피로를 잊어본다.

진압시위 밀가루 폭탄…

대학생 시위 화염병 진압…

다들 우리 의경을 보고 폭력경찰이라고 부르지만 나는 살려면 어쩔 수 없이 정신무장을 했다. 소중한 목숨을 지키려면 그냥 시위자의 쇠파이프 죽창에 맞아 줄 수는 없는 것이었다.

나는 군복이 아닌 진압복만 입었을 뿐 나라의 부름에 꽃다운 청춘을 바친 청년이었고 하루 빨리 집으로 갔으면 하는 작은 소망만을 가슴에 품고 살았다.

시위진압이 있는 나의 군 생활은 빡센 실전 전쟁터와도 같았다.

나의계급은 이파리 하나. 이파리 하나 달고 전쟁터에 나간다.

나는 싸우기 싫다…. 나는 때리기 싫다….

촛불시위현장… 실업자 노조시위현장….

같이 위로해 주고 싶었다.

그러나 나는 군인이기 때문에 사랑도 없는 것처럼, 감정도 없는 것처럼 명령에 따라 그들을 막아야만 했다. 하지만 이것 하나만 알아주었으면 했다. 나도 당신 곁에서 사랑받으며 자라왔던 아들이자 동생이자 친구였다는 것을….

진압검열훈련.

나는 태어나서 이렇게 빡센 훈련은 처음이었다. 사회에서 운동이라면 지지 않을 만큼 체력은 갖추었다고 했지만 막상 이 훈련을 하는 순간 나의 체력과 정신력은 초보였다는 걸 경험했다.

의경의 꽃이라 불리는 진압검열은 실전을 대비해 1년에 두 번 실시하는 중요한 훈련으로 일명 '짜박'이라 불린다. 이 훈련을 보기 위해서 경찰청장님까지 오시기에 정말 힘들고 고통스러운 긴 훈련을 해야만 했었다.

화염병 700개를 동시에 던져서 막는 진압검열은 긴장하지 않으면 온몸이 불덩이가 된다. 지금 돌이켜 생각해 보면 실전을 방불케 하는 훈련을 통해 내가 이렇게 강하고 담대하게 성장하게 되었던 것 같다. 또 내 인생에서 가장 스릴 있는 날들이기도 했다.

의무경찰 359기 박병호 수경.

힘들게 의경 생활한 것이 이젠 소중한 추억이 되었다.

앞으로도 국민에게 신뢰받는 경찰. 부당함으로 고통 받는 국민에게는 위로의 경찰, 불의함에는 정의로운 경찰이 되기를 바란다.

중앙경찰학교 시절, 나는 흰 도화지에 그림을 그리며 상상의 날개를 펼쳤다. 그것이 나비가 되었다고 해도….

'박병호' 이 사람?

가치 있는 사람이 되자!

최선을 다하는 사람이 되자!

쓸모 있는 사람이 되자!

남다른 사람이 되자!

아무것도 변하지 않을지라도 내가 변하면 모든 것이 변한다.

행 복 한

동        행

# 열정만 있다고 해서
# 다 되는 건 아니다

2001년에 군 제대를 하고 나는 앞으로 인생에 대한 큰 그림을 그리며 어떻게 무엇을 해서 살아야 하는 고민에 빠지게 되었다.

그때 내 나이 22살이었다. 집에서는 도움을 받을 수 있는 형편이 아니었기에 나 혼자 어떻게든 해야겠다는 다짐뿐이었다.

나는 어느 때보다 희망과 열정으로 가득 차 있었다. 그래서 알바를 해서 모아 둔 400만 원으로 허름한 주택건물에 보증금 100만 원, 월 40만 원으로 태권도장을 처음으로 시작하였다.

지금 생각해 보면 정말 경험도 부족하고 철없고 그냥 젊은 열정에 의지력만 강했다는 게 정말 부끄럽고 반성하게 된다. 그래도 얼마나 태권도장을 하고 싶었으면 그렇게라도 했을까 하고 지금의 나를 독하게 만들어 준 좋은 인생의 경험이었다고 생각한다.

집주인을 잘 만났지만 앞으로 닥칠 일들이 걱정이었다. 체육관 차도 없이 도장 운영을 해야 하고 체육관 바닥에서 잠을 자고 밥도 직접 해서 먹어야 한다는 큰 걱정과 고민이 크게 다가왔다.

이때 홍보만이 내가 살 길이었고 내가 할 수 있는 유일한, 선택도 아니고 필수도 아닌 의무였다. 그래서 포스터와 스티커를 만 장씩을 제작한 후 뿌리기 시작했다. 어떻게 붙여야 하고 어떤 곳에 붙이지 말아야 한다는 규칙도 없이 무작정 눈에 보이는 대로 버스정류장, 담벼락, 가스배관 뚜껑 등 붙일 수 있는 모든 곳에 포스터와 스티커를 붙였다.

그렇게 두 달 동안 2만 장의 포스터, 스티커를 붙였다. 얼마나 많이 붙였는지 구청에서 불법홍보물 부착으로 과태료를 부과하기도 했고 자신의 건물에서 스티커를 떼 달라는 민원전화도 많이 왔다.

과태료가 많게는 70만 원이 넘게 나와서 10만 원도 없던 나는 몸으로 때울 수밖에는 없었다. 2만 장의 포스터와 스티커를 다음날까지 혼자 다 떼기에는 너무 힘들고 현실적으로는 불가능한 일이었다. 그래서 구청 직원에게 사흘만 시간을 달라고 부탁했다.

그렇게 사흘 동안 모든 포스터를 제거하겠다고 약속했지만 앞이 깜깜하고 두려웠다. 무작정 시작했지만 새벽까지 전단지를 제거하다가 너무 힘들어 길거리에 푹 주저 않아 눈물을 흘리며 하늘을 원망했다. "이게 뭐야! 왜 나에게 시련을 주는 거야!" 얼마나 울었는지 길거리에 지나가는 사람이 쳐다볼 광경까지 만들고 말았다.

하루가 지나고 둘째 날이 되었는데도 아직도 포스터와 스티커는 끝이 보이질 않았다. 그러다 우연의 일치였을까? 평소에 교회에 나가질 않았지만 그날따라 새벽에 교회에 가서 기도까지 했다. 나의 기도를 들으신 걸까? 그 다음날부터 하늘이 도와주셨는지 비가 오거나 소나기가 내려 다행히 전단지 및 포스터가 쉽게 떨어져 나가 고비를 넘길 수 있었다. 천만다행이었다.

며칠이 지나 수련생을 모집해야 하는 상황인지라 다시 전단지를 들고 붙이기 시작했다. 어려운 고비를 넘겼지만 또 다시 언제 그랬냐는 듯이 전단지를 붙이고 다녔다. 하늘이 도와주겠지 하는 기대감과 희망과 용기가 나를 끝까지 포기하지 않게 만들었다.

아파트 같은 경우는 꼭대기층부터 1층까지 모든 세대의 대문과 엘리베이터 그리고 현관에 전단지를 붙였고 지하주차장에 있던 모든 차량의 운전석 창문에 명함을 꽂았다.

태권도 수련이 끝나면 저녁 7시부터 새벽 4시까지 명함홍보지를 매일 뿌리고 다녔다. 얼마나 많이 걷고 다녔는지 두 달째 되는 날 발바닥에 물집이 생기고 그 물집 위에 다시 물집이 생겨 굳은살이 생겼다.

명함홍보지를 얼마나 많이 붙이고 뿌리고 다녔는지 수련생들이 아침에 집에서 나올 때 자신들의 집 현관문과 엘리베이터 그리고 아파트 입구에서 명함홍보지를 봤다고 가지고 오기도 하고 중학교 정문에서 명함을 나누어 주다 보면 그 학교에 다니는 제자들이 나에게 인사하면서 같이 홍보해 주기도 했다.

젊은 열정 하나로 전단지를 제작하여 매일 뿌리고 다녔기 때문에 이때 나만의 노하우를 터득하게 되었다.

월요일에는 전단지를 절대 돌리지 않았다. 월요일은 많은 직장인들이 월요병이라는 스트레스로 새로운 소식을 접하는 것을 싫어하는 경향이 있기 때문에 월요일은 전단지를 신문에 끼워 돌려도 홍보효과가 떨어진다고 터득했다. 금, 토요일은 주말로 모두들 야외에 놀러가는 계획을 짜기 때문에 신문을 거의 보지 않는다. 그래서 나는 화요일에서 목요일 사이가 가장 안정적으로 전단지를 뿌리면 가장 효과가 나타난다는 것을 알고 지금까지도 실천하고 있다.

그렇게 열심히 전단지와 명함을 뿌렸는데 상담을 하고 간 학부모님들은 차량 운행을 하지 않는다는 말에 그냥 돌아가 버렸다.

"사실 제가 차가 없어요."

부모님들께 차마 이런 말은 할 수가 없었다.

그냥 집에서 가까운 수련생만 받으면 될 거라고 생각하고 했지만 이 동네 수준은 매우 낮았고 맞벌이 학부모님들이 80%였다.

그 당시 나와 50미터도 안 되는 태권도장이 있었는데 그 도장은 이미 그 자리에서 10년 이상 운영한 도장이었고 수련생 또한 150명이 넘었다. 물론 차량 운행 또한 하고 있었다. 나와는 비교할 수 없을 만큼 경쟁력을 갖춘 내실이 있는 도장이었다. 내가 너무 초라해 보이기도 했지만 열정은 남달랐다. 다윗이 골리앗을 이긴다는 성경 말씀처럼 긍정적으로 스스로를 다독였다. "병호야, 기죽지 말자!"

이때 실력과 노력을 인정받아야겠다는 생각에 열심히 노력했지만 그리 오래 가지는 못했다.

6개월 동안 도장을 운영했지만 고작 수련생은 20명 미만이었다. 또한 인원이 적어 한 타임에 3명, 2명 이렇게 수업을 하다 보니 체력적으로 너무 힘들어 탈진한 적도 있었고 열정이 앞서 욕심이 지나쳐 다치는 일도 많았다.

행 복 한
동      행

한 번은 제자 한 명이 한쪽 눈에 멍이 시퍼렇게 들어 울면서 도장에 들어왔다. 왜 그러냐고 하니 아무 말도 하지 않은 채 그냥 울고만 있어서 너무 답답해 울음을 그치기를 기다렸다 조용히 사무실로 불러 물었는데 옆 도장에 다니는 친구에게 맞았다고 하는 것이다. 이유를 들어 보니 정말 어처구니가 없어서 말도 안 나왔고 순간 멘붕이었다. 그 아이가 '너 그 도장 다니면 오늘처럼 계속 나에게 맞고 다닐 줄 알아!' 이렇게 말했다는 것이다. 그 아이의 진심이었을까 아니면 다른 이유가 있을까 하는 생각을 했다. 누군가 시켜서 했다는 게 나의 직감이었다.

심사숙고 끝에 나는 그 옆 도장을 찾아가게 되었다. 그쪽 관장님과 만나 자초지종을 설명했지만 우리 아이가 그럴 리가 없다며 오히려 나에게 화를 버럭 내는 것이다. 순간 화가 나고 너무 속상해서 이 자리에서 나랑 한판 뜨자고 제의했다. 그리고 이 시간 이후로 태권도 관장 직분을 떠나 남자로서 얘기하고 싶다고 단호하게 외쳤다.

그런데 그쪽에서 나 몰래 경찰에 신고했는지 밑에서 사이렌 소리가 나기 시작했다. 그리고 지금 당장 나가라고 하며 이 동네에서 도장하고 싶으면 조용히 살라고 협박까지 하는 것이었다.

더 이상 할 말도 없고 멍했다. 조용히 대응할 수 없는 상황이 되다 보니 세상이 너무 어렵게만 보이고 혼자 감당하기에는 너무 벅찼다. 주위에서 도움을 받거나 이야기할 수 있는 사람도 없고 친구들은 다들 복학해서 학교 다닌다고 정신이 없을 테고 이래저래 모든 걸 포기하고 싶은 마음뿐이었다.

그래서 이 일을 오래 하기 위해서는 잠시 더 많은 인생 공부를 해야겠다는 결심을 하게 되었다. 내가 아이들에게 진심과 사랑을 전달하기에는 너무 어린 나이였고 또한 태권도 실기보다 도장 운영경험을 쌓는 것이 더 중요하며 나의 자아성취와 인격수양이 많이 부족하다는 것을 한 번 더 알게 되어 나로서는 큰 경험이었다.

그리고 7개월째 되는 날, 나를 대신할 수 있는 훌륭한 지도자 분을 찾게 되어 결국은 그분에게 모든 것을 위임하고 나는 몸만 나오게 되었다. 20명이 채 되지 않는 제자들과 작별을 했는데 갑자기 말문이 막혀서 눈물만 났던 건 왜일까? 지금 생각해 보면 나름 아이들과 정도 많이 들었고 또한 내가 처음으로 시작한 나의 사업장이기 때문에 더 간절하지 않았나 싶다.

아무것도 바라는 것도 없이 훌훌 정리하고 난 나는 또 다른 휴식처가 있는 필리핀으로 태권도 봉사를 떠났다.

해외 봉사를 통해서 나는 한 번 더 깨달았다. '역시 세상은 만만하게 상대하기는 힘들구나!'

나 스스로 단련하고 노력해야만 했었다.

열정만으로 도장을 하기에는 내가 너무 부족했고 그리고 언젠가는 다시 그 자리에 돌아가서 제대로 멋진 삶을 펼칠 청사진을 준비하겠다고 스스로에게 약속하였다.

행 복 한
동      행

# 피아노의 아름다운
# 선율을 느끼면서

 

 

나의 풍부한 감성은 예전에 경호원 시절의 경험에서 이어지는 것 같다.

경호원이라는 직업이 매력적인 이유로 여러 가지를 들 수 있지만 그 중 하나가 여러 문화와 지식을 직접 접하고 배울 수 있어서 좋았다.

피아니스트 서혜경 씨를 경호하면서 가장 놀랐던 것이 바로 피아노 연주회의 비싼 입장료였다. 또 놀란 것이 비싼 입장료에도 항상 객석은 만원이라는 것이었다. 따분한 피아노 연주 공연을 그 비싼 돈을 내고 보러 온다는 것을 나는 이해할 수 없었다. 하지만 피아노 독주가 시작되면서 나의 생각은 180도 바뀌게 되었다. 현장에서 느낀 피아노 선율은 감동 그 자체였다.

웅장한 소리와 그 섬세한 음악들…. 이래서 피아노 연주회에 비싼 입장료를 내고 오는구나. 그때 느낀 생각은 나 또한 그런 비싼 입장료를 냈더라도 그 입장료가 하나도 아깝지 않을 정도였다.

그리고 피아노 연주회 못지않게 감동을 느낀 것은 오페라였다. 오페라 공연을 보게 된 것은 오페라 행사 경호를 맡아서였다.

화려한 조명과 세트장 그리고 웅장한 음악, 연기자 한 명, 한 명의 목소리와 표정들…. 경호원이라는 직업을 가지지 않았다면 이러한 문화를 평생 접해 보지 못했을 것이다.

　오페라를 잘 아는 사람의 설명으로는 오페라는 처음 봤을 때가 가장 중요하다고 했다. 처음 본 오페라의 감동과 기억은 평생을 간다는 것이었다. 그 자신도 자기가 처음 본 오페라의 감동은 지금까지도 생생하게 기억하고 있다고 했다.

　그 이야기를 들으며 내게 결혼할 아내가 생기고 자식이 생기면 꼭 오페라 공연장에 데리고 가서 그 처음의 오페라 감동을 주는 남편이자 아버지가 되자고 다짐했었다.

행 복 한
동　　행

# 누군가를 경호한다는 건

경호원의 길을 걸어오면서 많은 사람들을 만났고 많은 연예인을 경호했다. 그리고 많은 사건들을 겪었다. 어떤 때는 연예인 팬들이 던진 돌과 음료수 캔에 맞아 이마에 피가 나서 창피를 당하기도 했고 하나밖에 없는 생명을 위협받기도 했었다. 그럴 때마다 경호원의 생활을 포기할까도 생각했지만 그럴 때마다 경호원의 길을 계속하여 걸을 수 있었던 것은 경호원이라는 직업의 매력과 보람이 있었기 때문이었다.

많은 연예인들을 만나다 보니 내가 좋아하는 연예인에게는 좋아한다는 내색도 하지 못해 그냥 하루를 얼음처럼 보내는 날도 있었다. 그때를 생각하면 나도 순수한 팬이었다.

경호원의 길을 걸으면서 방송에도 출연하게 되었는데 어느 날은 SBS '좋은 아침' 생방송에서 인터뷰를 하게 되었다. 나는 "누군가를 경호한다는 것은 나에게는 또 다른 사명이자 운명이다."라고 말했었다.

많은 연예인들을 경호하면서 내가 배워야 할 점이 무엇이며 배운 점을 토대로 내 삶을 바꿀 수 있는 교훈과 지침이 무엇인지를 깨닫게 되었고 사람의 향기를 느꼈다.

만나는 사람들의 숫자보다 그들의 인간적인 면모와 인품을 보고 함
께 살아가는 좋은 관계를 이루는 것이 만남을 통해 가슴 뛰는 만듦의
과정이라는 사실을 아직도 배우고 있다.

# 스폰서를 만나다

아침 8시가 조금 넘었을 무렵, 잠결에 낯선 전화 한 통을 받았다. 그분은 나의 사업계획서를 검토하며 나를 그동안 나를 쭉 지켜봐 오셨다며 전화하신 이유를 말씀하셨다. 평택에서 학원을 운영하고 있는데 아파트 밀집지역 모 초등학교 앞에 건물을 인수하여 7월에 오픈한다고 했다. 그 건물  3층에 태권도장을 개관하고 싶은데 맡아서 운영해 볼 생각이 없냐는 것이다. 더 감사한 것은 내가 경희대학교를 졸업할 수 있게 도움을 주겠다고까지 해 주셨다.

평소라면 깊은 잠에 빠져있을 시간. 정신이 확 깨는 소리였다. 내년에 결혼을 생각 중이었지만 결혼자금을 마련하는 것도 불가능에 가까운데, 내 도장은 언제 차릴 수 있을까 하는 고민으로 하루하루를 고민하는 나에게 그야말로 한 줄기 아니, 백만 줄기의 빛과도 같은 소리였다.

인테리어와 모든 준비를 해 줄 테니 맡아서 운영해 보라는 소리는 일면식도 없는 사람으로부터 들을 수 있는 소리는 아니었기에 사실 믿을 수가 없었다.

만나서 얘기하자고 했으니 일단 만나는 보고 싶었다. 그때 가서 자세히 알아보고 판단해도 되는 것이었다.

물론 새로 개관하는 만큼 수련생을 모으는 것이 현실적으로 쉬운 일은 아니겠지만. 학원 건물이고 전화 주신 분이 평택에서 오랜 터줏대감이신만큼 어느 정도 시너지 효과를 기대해 볼 만할 것이다. 더욱이 인구밀도가 꽤나 높은 듯하니 어쩌면 예상외로 일이 잘 풀릴지도 모른다는 기대감도 있었다.

하지만 나는 사고를 당한 지 1년 반밖에 몸이 완치되지 않았다. 잘할 수 있는 마음만은 있었지만 약간의 두려움이 있었다. 어쩌면 일생 일대의 기회일지도 모르는데 벌써부터 포기해야 한다고 생각이 들고 꼭 무슨 피해자가 된 듯한 기분도 들었다. 한 통의 전화가 나를 흔들어 놓은 것이다.

나는 이름도 얼굴도 알지 못하는 사람의 말에 흥분하는 내 모습에서 참 많은 생각이 들었다.

이런 생각과 이런 제안을 친척들에게 했지만 씨알도 안 먹혔다. 다들 이런 소리만 했다.

"네가 무슨 사업을…. 그런 소리 하지 말고 좋은 직장 알아 봐!"

그리고 더 심하게는

행 복 한

동     행

"넌 성공 못해. 다른 생각하지 말고 직장 다녀."

5부 이자까지 준다고 말했지만 받아주는 친척은 한 사람도 없었다. 그리고 부모님 또한 나를 믿지 않았다.

나는 스스로에게 '넌 왜 능력이 없이 태어났니?'라며 하늘을 보고 한없이 원망했다.

여태 살면서 나를 믿어 준 것은 전화 주신 그분이 처음이었다.

나를 알지도 못했는데 스폰해 주신 분께 이 자리를 빌려 다시 한 번 감사의 말씀을 전하고 싶다.

그분의 도움이 아니었다면 지금의 나를 생각할 수 없다. 평택에서 태권도장을 운영한다는 미션을 감히 감당할 수 있는 지도자가 된다는 게 말처럼 쉽지 않다.

감히 말한다. KTX 타고 달랑 도복 하나 입고 왔다. 부모님의 도움 하나 없이 스스로 자수성가했다.

그분의 도움으로 나는 경희대학교를 졸업했다.

나는 참 복이 많은 사람이다.

나를 이끈 그분의 이름을 불러 본다.


이광현 대표님, 감사합니다.

이렇게까지 성공시켜주신 은혜 평생 살면서 갚겠습니다.


지금도 가끔 연락을 드린다. 그리고 여쭤 본다.

"대표님께서는 왜 얼굴도, 이름도 알지도 못하는 저를 지원해 주셨는지 궁금합니다."

그러면 대표님은 나를 좋게 평가해 주신다.

"다른 사람에 비해 박 관장은 생각보다 추진력과 행동이 앞서 있었어."

그랬다. 그때 나는 내 몸과 마음이 같이 움직였다.

'그래, 해 보자!' 더 이상 말이 필요 없었다.

그때는 태권도가 나의 영원한 직업이 될 것이라는 사실을 미처 알지 못했다.

# '꽃등심'에는 꽃 같은 마음이 없다

    세상에서 가장 사악한 마음은 사심도 아니고 근심도 아니며 의심도 아니다.

    어떤 상황에서도 먹어서는 안 되는 마음이 '꽃등심'이다. '꽃등심'은 소가 극도의 스트레스를 받으면 살코기 사이로 지방이 꽃처럼 무늬를 놓으며 생겨서 붙여진 이름이다. 정상적인 소에서는 나오지 않는 특수한 고기 부위로 꽃처럼 등심이 생기는 것이 바로 '꽃등심'이다.

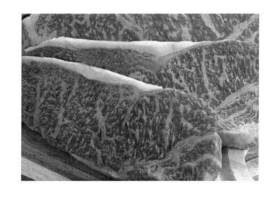

    돈 많은 사람들만이 먹을 수 있는 '꽃등심'과 돈이 없어도 얼마든지 먹을 수 있는 '진심'. '꽃등심' 먹는 사람보다 '진심'으로 사람을 대하는 사람이 따뜻한 세상을 만들고 싶다.

    나는 따뜻한 세상을 만들기 위해서 글을 쓰고 연구한다.

# 나의 철학

할 때까지, 될 때까지, 이룰 때까지.

내가 건강할 때까지, 성공한 도장이 될 때까지, 훌륭한 제자들을 배출하여 이룰 때까지.

사람이 사람 노릇을 하려면 사람 교육을 시켜야만 한다. 사람이 짐승 노릇을 하는 것은 교육을 시키지 않았기 때문이다. 그런데도 바쁘

자녀 교육 무엇이 우선인가요?
박병호관장의 철학…

다는 이유로 우리의 생활은 이렇게 흘러만 간다.

나라가 바로 서려면 가정이 바로 서야 하고 가정이 바로 서려면 사람교육이 바로 서야 한다. 기업이 바로 서려면 사원 됨됨이가 바로 되어야 하고 사원교육이 바로 서려면 사원됨됨이 교육이 바로 서야 한다.

인성이 부족해서 가정이 무너지고, 회사가 무너지고, 개인이 무너지고, 나라가 혼란스럽다.

사람이 사람다운 회사, 사람이 향기로운 회사, 사람이 주인이 되는 기업. 이 땅의 주인은 사람이다.

그 사람을 바로 만드는 것이 교육이다.

나는 감성적인 편지와 글을 통해 태권도 제자들과 학부모님들께 사람 됨됨이를 만드는 인성교육을 전달하기 위해 노력하고 있다. 사람은 교육과 훈련 없이는 잠재된 능력이 있어도 변화는 어렵기 때문이다.

앞으로도 올바른 교육문화를 만들기 위해 직접 발로 뛸 것이다.

# 왜 STA를 만들었는가

STA를 만든 배경에는 고난과 인내가 있었다.

대한민국 대표 브랜드 'STA'.

1990년대 초 한국의 대기업들은 '세계화'라는 새로운 도전을 맞이하게 되었다.

세계시장에서 브랜드 가치를 높이려면 완전히 새로운 모습으로 변신할 필요가 있었는데 삼성이 첫 스타트를 끊어서 지금의 대한민국 대표 브랜드가 되었다고 한다.

유년 시절 나는 집안 형편 때문에 많이 힘들었지만 부모님의 확고한 철학 때문에 보고 듣는 걸 좋아했다.

부모님께서 어려운 형편 속에서도 삼성 제품을 고집하셨다. 그때 나는 삼성이 브랜드인 줄도, 아니 좋은 제품이라는 것도 모르던 시절이었다. 아버지는 내게 "너도 어떤 물건을 구입하든지 확실한 브랜드의 상품을 선택해라. 그것이 오래 가고 믿을 수 있다."고 늘 얘기하곤 하셨다. 그래서 나도 모르게 삼성이 더 크게 보이기 시작했던 것인지도 모르겠다. 그 이후 나는 청년 시절 삼성화재, 삼성르노자동차, 삼성에스원으로 회사를 거쳐 왔다. 언제부턴가 삼성 마니아가 되어 있었다. 지금 운영하는 태권도장 이름이 '삼성태권도'가 되었던 것도 그런 환경적 요인과 나의 확고한 철학 때문이었다.

대부분 태권도는 학교 이름을 걸고 간판을 건다.

'경희대태권도' '용인대태권도' '한국체대태권도'

그런데 나에게 변화를 준 계기가 있었다. 그것은 경희대삼성태권도란 이름 전국에서 누구나 사용하고 있고 흔한 이름이었다. 그래서 특별한 것이 없을까 하는 생각에 병원이나 변호사 간판을 유심히 보게 되었다. 학교 이름을 딴 곳도 있었지만 유독 내 눈에 띄는 것은 자기 이름을 걸고 병원을 운영하는 곳이었다. 그럼 나도 내 이름을 딴 태권도장은 어떨까? 남들과는 같아서는 안 되니까 말이다.

여러 가지 고민에 빠져있었다. 나는 뭔가 이루고자 마음먹으면 꼭 해야만 했기에 심지어는 이틀 동안 밥도 먹지 않은 채 연구에 몰두한 적도 있었다. 한 번은 이런 경우도 있었다. 한 달 동안 메모지에 삼성태권도를 천 번 넘게 적다보면 아이디어가 떠오르겠지 하면서 팔이 아플 정도로 적었다. 그러다가 잠이 들면 꿈에서까지 글자를 적고 있었다.

그러다가 친동생에게 우연히 로고 하나를 선물받았다. 그 당시 로고는 견고딕체로 쓴 STA였다. 내가 원한 로고는 아니었지만 또 다른 기회를 준 통로였다.

나와 맞지 않는 CI로고였지만 과감히 받아들이기로 했다.

이 로고를 통해서 아이들을 가르칠 때 이상과 꿈을 갖고 하늘처럼 높게, 하늘처럼 넓게, 하늘처럼 푸르게 지도하고 또한 프로그램을 좀 더 체계적인 방향으로 개선할 수 있는 연구를 해 보기로 했다.

박병호만의 브랜드는 뭘까…?

강호동 파워 · 액션의 달인.
유재석 MC달인.
김제동 언어의 마술사.
박찬호 최고의 투수.
박지성 노력파축구인.
조수미 소프라노달인.
김연아 피겨스케이트.
인순이 최고의 가수.

그럼 박병호 넌 뭐야?

나만의 색깔?
나만의 브랜드?
나만의 장점?
나만의 무기?
나만의 경쟁력?

그래, 다 지우고 하얀 백지 위에 써 보자. 행동하자. 결단하자.
신중한 고뇌로 결정되었다면 앞만 보고 가는 거야!

행 복 한
동      행

# 태권도장을
# 시작하기까지

"성공하기 위해서는 고통이 따른다."

부모님께서 항상 하시던 말씀이다.

나는 지금까지 태권도장을 시작하기까지 많은 것을 경험했고 많은 것을 느꼈고 그리고 많은 것을 배웠다 이런 나의 경험과 생각 그리고 배움이 없었다면 아마도 지금의 경희대삼성태권도장은 없을 것이라

고 자신 있게 말할 수 있다. 좋은 직장 '울산중공업'이라는 회사를 포기했고, '경찰공무원'이라는 시험을 포기했고, 대한민국에 하나밖에 없는 '정화조회사'를 다니면서 나는 내 인생에 유턴을 하기 시작했다.

"박병호 씨는 가장 자신 있는 일이 무엇입니까? 남들이 하지 않는 일이 무엇입니까? 가장 좋아하는 일이 무엇입니까?"

그 질문에 몇 시간을 머뭇거렸고 결국 다니고 있던 회사마저 그만두었다.

그리고 나에게 교통사고라는 청천벽력 같은 일이 생겼다

3개월 동안 의식불명으로 병원 신세를 졌다. 그동안 모아둔 돈은 치료비에 올인했다. 그 일만 생각하면 아직도 침이 마른다. 몸을 회복하기까지 너무나 고통스러웠고 세상 모든 게 내 뜻대로 안 된다는 걸 이때 처음 알게 되었다.

'다시 시작하자.'는 말을 할 수 없을 정도로 힘들었지만 나는 나의 꿈을 찾기 위해 떠나기로 했다. 부모님께는 너무 죄송스러웠다. 하지만 나 스스로 일어서기 위해서 이를 악물고 뛰었다.

그 이후 나는 백수로 방황하게 되었다. 지방을 다니면서 어떤 때는 돈이 없어 버스 대합실에서 잠을 자기도 했으며 낯선 도시에서 밤거리를 헤매기도 했고 어떤 때는 벌금을 못 내 경찰서에서 수감되기도 했다. 친구 때문에 배신감을 느끼기도 했고 친구 때문에 감동의 눈물을 흘리기도 했다. 또한 나의 수양부족으로 생기는 말실수도 많았다. 돈 때문에 비굴해지기도 했고 배고픔을 이기지 못해 빚을 지기도 했으며 어떤 때는 한동안 술만 마시면서 폐인이 되기도 했다.

그럴 때마다 나에게 힘과 믿음을 가지게 해준 것은 태권도였다. 나

행 복 한
동      행

는 항상 태권도와 함께 했다. 기쁠 때보다는 슬플 때가, 성공보다는 실패가 많았지만 나의 이런 생활이 후에 태권도의 역사가 될 것이라는 신념과 믿음이 있었기 때문에 이겨 나갈 수 있었다.

'도복 하나 달랑 메고' 전국을 다니면서 도장 경영을 배우며 고생하는 나의 모습을 본 관장님들이 이런 질문을 했다.

"이런 고생을 왜 합니까?"

"이런다고 돈이 나옵니까?"

"누가 이런다고 알아주기나 합니까?"

그때마다 나는 항상 같은 말로 대답했다

"내가 태권도를 시작한 것은 그것이 나의 운명이기 때문입니다."

"내가 태권도를 사랑하는 것은 그것이 나의 전부이기 때문입니다."

"내가 태권도를 가르치는 것은 그것이 나의 인생이기 때문입니다."

나는 그동안 많은 어려움도 겪었으며 좌절도 맛보고 실패도 했다. 하지만 그럴 때마다 나는 오뚜기처럼 다시 일어섰다. 물론 앞으로도 더 큰 어려움이 있더라도 움직이지 않기를 태산처럼 버티어 나갈 것이다.

"성공하기 위해서는 고통이 따른다."는 말은 그동안의 생활이 헛되지 않았다는 용기와 함께 앞으로 꼭 성공하여 비참한 과거까지도 아름답게 만들어야겠다는 생각으로 나에게 희망이 되고 있다

아래 내용처럼 희망을 줄 수 있는 지도자로 남고 싶다.

"돈을 잃으면 조금 잃은 것이요, 명예를 잃으면 많이 잃은 것이요, 건강을 잃으면 전부를 잃은 것이다."

리더는 위대한 길을 안내하는 사람이다

위대한 지도자는 비전과 일상의 간격을 메워주는 교육자여야 한다.
그러나 자기가 선택한 길을 사회가 따라 오게 하기 위해 혼자서 그
길을 걸어가야만 하는 사람이다.

　　－키신저－

　우리에게는 두 가지 길이 있다. 많은 사람들이 가는 평범함의 길과
새롭게 개척해야 하는 위대함의 길이다.
　리더는 어떤 사람인가?
　위대한 길을 개척해서, 그 길을 먼저 가면서 수많은 사람들이 그 길
을 따라 올 수 있도록 안내하는 사람이다.

행　복　한
동　　　행

# 호(이름)를 짓다

호는 원래 다른 사람과의 관계에서 서로 허물없이 쓰기 위하여 지은 것으로, 옛날에는 아무나 함부로 사용하는 게 아니라 학자나 군인, 예술가 등 능력이 출중하거나 큰 명성을 날린 사람이어야만 호를 가질 수가 있었다. 하지만 오늘날은 대개 모든 사람들이 각자 호를 가질 수 있으며, 그것도 주로 유림 모임, 문단 등의 특정 분야에서나 통용되는 경향이 크다.

호는 종종 그 사람의 취미나 성격, 능력 등을 반영하는데, 일반적으로 이름과 자는 부모나 연장자가 지어 주지만 호는 본인이 스스로 또는 친우가 짓기 때문에 자유롭게 자신의 정서를 반영할 수 있다.

나는 태권도장을 누구보다 성공하기 위해 내실과 외실도 중요했지만 무엇보다도 나의 운명을 믿고 싶었다. 꼭 성공하고 싶다는 간절한 소망이 가득 찼기 때문에 무엇이라도 더 나를 좀 더 부각시킬 수 있는 방법을 찾았다. 그래서 나는 성공하신 위인 혹은 사업가 연예인들의 호를 알아보게 되었다.

'율곡' 이이

'백범' 김구

'거산' 김영삼

'청계' 이명박

'록산' 최민수


이분들은 대부분 멋진 삶을 살았다.

나에게 맞는 호는 무엇이 있을까? 고민하던 중 돈을 많이 벌 수 있는 호를 지어 달라고 유명하신 작명인에게 부탁했다. 그런데 그분이 "선생님은 돈을 많이 벌수 있는 '호'보다는 돈을 많이 벌 수 있는 능력의 '호'를 드리겠습니다."라고 하였다.

그렇게 만들어진 호의 이름은 '담원'이었다

호는 주위에서 불러주어야 좋은 기운을 받아 앞으로 승승장구할 수 있다고 작명인이 말씀해 주셨다.

그래서 나는 지금까지 스스로를 '담원 박병호'라고 소개한다. 앞으로 이렇게 불러주는 사람이 많아지길 손 모아 기원해 본다.

좋은 이름은 세상에서 가장 좋은 선물이라고 한다. 자손에게 만관(萬貫)의 황금을 물려주는 것보다 한 가지 재주를 가르쳐주는 게 낫고, 한 가지 재주를 가르쳐 주는 것은 좋은 이름을 지어 주는 것만 못하다고 한다.

계속 사용하는 이름이 운명을 결정한다.


행 복 한
동      행

# 삶은 정답이 없는 인내다

삶은 스스로 선택하고 결정한 결과의 연속.

진짜 하고 싶은 것이 무엇인지 물어 봐.

가슴이 이야기해 줄 거야.

장황한 말로 사람에게 전하지 말고

깊은 인내의 사색을 통한 글자 하나로

아! 무릎을 칠 수 있는 글귀, 말 한마디

삶에는 정답이 없다.


삶에는 정답이라는 것이 없는 것 같다.

각자 살아온 가치관과 환경이 곧 자기 삶의 정답이라고 흔히 말하곤 한다. 삶에서의 그 어떤 결정이라도 심지어 참으로 잘한 결정이거나 너무 잘못한 결정일지라도 정답이 될 수 있고, 오답도 될 수 있다. 참이 될 수도 있고, 거짓이 될 수도 있다.

그런데도 사람들은 정답을 찾아 끊임없이 헤매고 다니는 것이 습관이 되어 버렸다.

정답이 없다는 것은 모두가 정답이 될 수도 있고 모두가 어느 정도 오답의 가능성도 가지고 있다는 것이다.

지난 삶을 돌이켜 후회를 한다는 것은 지난 삶의 선택이 잘못되었다고 정답이 아니었다고 분별하는 것이다. 그럴 필요는 없다.

지금 이 자리가 정확히 내 자리가 맞다.

결혼을 누구와 할까, 어느 대학을 갈까, 어느 직장에 취직할까에 무슨 정답이 있을 수 있겠는가?

그때 그 사람과 결혼했더라면,

그때 그 대학에 입학했더라면

그때 또 그때….

한없이 삶의 오답을 찾아내려고 한다.

정답, 오답 하고 나누는 것이, 그 분별이 괴로움을 몰고 오는 것이지 우리 삶에는 그런 구분이란 애초부터 없다는 것을 알아야 한다.

어느 길이든 정답, 오답 나누어 정답인 것이 아니라, 그냥그냥 다 받아들이면 그대로 정답인 것이다.

정답 아닌 정답이며, 오답 아닌 오답이다.

그냥 물 흐르는 대로, 방향 가는 대로….

행　복　한
동　　　행

# 3년 전 나는 이렇게
# 반복된 하루를 보냈다

새벽 6시. 오늘도 어김 없이 시계 알람이 나를 괴롭힌다. 눈을 감은 채 '또 일어나야 하나…?' 나 자신에게 묻는다. 자신과의 싸움을 10분간이나 하고 나서야 눈이 떠진다.

오전 8시. 무엇이든 해야 한다는 생각에 도장으로 일찍 나왔지만 출석부를 보면 한숨이 나온다. 사범을 채용하려고 하니 나와 맞는 사람도 없고 또 그리 흔하지 않는 게 사범이었다. 사범 구하기가 하늘에 별 따기만큼이나 힘들다고 하던데 정말 실감했다. 혼자 운동 가르치고, 차량 운행하고, 전화받고, 상담하고, 정신없이 하루가 간다.

그렇게 흐른 시간이 흘러 2011년 3월이 되었고 '33'이라는 숫자—나이—가 나와 함께 있다. 휴…. 힘겨운 생활의 연속이지만 어쩔 수 없다.

밤 9시. 대충 서둘러 마치고 9시 30분에 저녁을 먹는다. 혼자 뛰며 이리저리 노력하지만 크게 달라진 점은 없다. 주변 관장님들도 나처럼 이런 힘든 고민을 할까? 나의 지도 철학은 무엇일까? 한 번 더 생각해 본다.

난 태권도 관장이기 전에 교육자이다. 그래서 난 학부모님들께 왜 경희대삼성태권도에 다녀야 하는지에 대해 질문하고 싶다. 이곳은 단순히 운동을 배우고 땀 흘리고 노는 것이 아니라 한 아이가 올바른 정신과 올바른 생활을 가질 수 있도록 땀 흘리고 숨 쉴 수 있고 꿈을 이루는 곳이라고 당당하게 자신 있게 말하고 싶다.

지금 해야 할 일이 무엇인지 나는 알고 있다.

오늘도 컴퓨터 앞에 앉아서 설레는 마음으로 시간표와 프로그램을 바꿨다.

아이들의 눈을 보면서 스스로가 참 부끄러웠다. 초롱초롱 맑은 눈으로 나를 바라보기에 한순간도 거짓으로 아이들을 대하면 안 되기 때문이다. 그 사실을 온몸으로 느끼며 땀과 눈물로 반성하는 하루인 것 같다. 그래서 난 학부모님들께 단체 문자를 보냈다.


저는 오늘도 아이들을 바라보며 성공할 수 있다고 확신합니다. 왜냐하면 아이들이 저에게 희망이라고 이야기하기 때문입니다. 저의 희망이 끝나지 않도록 자녀를 향한 뒷바라지는 계속 이어 갔으면 합니다. 성공시키도록 노력하겠습니다. 비전, 꿈이 있는 곳! 경희대삼성태권도!


행 복 한
동    행

몇 분 후 문자 한 통이 왔다.

진정한 마음이 전해오는 문자였다.

관장님 문자 보니 정말 힘이 나네요.

고맙습니다~

감동과 설렘, 닭살이 돋는 것처럼 하루 내내 느꼈다.

뿌듯하고 좋은 소문이 점점 확대되고 있는 것을 느낀다.

나는 매일매일 아이들의 기운을 받아야 한다. 내가 태권도 관장이라서가 아니라 아이들이 나에게 유일한 희망이자 스승이기 때문이다.

지금 이 순간 가족이 나 때문에 힘들게 산다는 생각에 미안함에 눈물이 소리 없이 흘러내린다.

조금만 더 힘내서 가족들에게 인정받는 아들 그리고 더 노력해서 사랑하는 사람에게 사랑받는 남자가 되겠다고 마음속으로 다짐해 본다.

밤 12시. 잠자리에 든다. 그리고 내일을 향해 날아오르는 설렘과 함께 내일을 준비한다.

아자! 아자! 화이팅!

2011년 3월 12일 비 오는 날.

# 돈, 명예, 건강

　　천하를 잃어도 건강만 있으면 행복할 수 있다.

　　돈 가방을 짊어지고 요양원에 간다고 해도 무슨 소용이 있겠으며, 경로당에 가서 학력을 자랑해 보아야 누가 알아 주겠는가? 나이가 들면, 있는 사람이나 없는 사람이나 모두 똑같아 보이게 되며, 배운 사람이나 못 배운 사람이나 모두 똑같아 보인다.

　　예전에 가입한 생명보험으로 병원에 가서 특실에 입원한다 해도 독방이면 무슨 소용이 있겠는가?

　　버스에 타고 노약자석에 앉아 어깨에 힘주고 앉아 있어 봐야 누가 알아 주겠는가? 나이가 들면 잘 생긴 사람이나 못 생긴 사람이나 모두 똑같아 보인다.

옛날에 부장 또는 이사를 안 해본 사람 없고, 소싯적에 한 가닥 안 해 본 사람이 어디 있겠는가?

지난날 잘 나갔던 것은 모두 영화 필름처럼 지나간 옛 일이고, 돈과 명예는 아침 이슬처럼 사라지고 마는 허무한 것이다.

자녀를 자랑하지 않을 것이다. 자녀가 반에서 일등했다고 자랑하고 보니 다른 친구 의 자녀는 학교 전체 수석을 했다고 하니 기가 죽는다.

돈 자랑도 하지 않을 것이다. 돈 자랑을 떠들어 대고 나니 은행의 비리와 주가 폭락으로 머리가 아프다고 한다. 세계적인 갑부나 중국의 진시황은 돈이 없어 죽었는가? 건강만 있으면 대통령 또는 천하의 갑부도 부럽지 않다.

전분세락(轉糞世樂), '개똥밭에 뒹굴어도 세상은 즐겁다.'고 했다. 어떻게 생각하면 이렇게 좋은 세상인데, 작은 욕심으로 지지고, 볶고, 싸우며, 삿대질하는 우리 사회의 곳곳을 보면서 무슨 생각을 하며 어떻게 이런 생활을 하고 있는 것일까 하는 생각이 든다.

나의 작은 생각은 나보다 남을 위하고, 내가 조금 손해 보며, 내가 힘이 들더라도 솔선수범하게 되면 건강과 행복이 다가온다는 마음으로, 즐겁고 행복하게 살자는 것이다.

노년의 인생을 즐겁게 살려거든 건강저축을 서둘러 해야 할 것 같다. 버스가 지나고 손들면 태워 줄 사람 아무도 없듯이, 세월 다 보내고 늦게 건강타령을 해 봐야 소용이 없고 천하를 다 잃어버려도 건강만 있으면 대통령이 부럽지 않다.

# 나는 참스승이 되기 위해
# 길을 걷고 있다

이 세상에서 가장 강인한 태권도 지도자의 모습은 무엇일까?

시대의 흐름과 역사의 흐름 속에서 나의 위치를 발견하고, 흐름을 정확히 파악하며, 대처할 수 있는 능력을 갖추고, 화려한 변신과 변화를 추구하며, 쓰러질 듯 쓰러질 듯 다시 일어나는 잡초와 같은 불굴의 의지와 강한 근성을 겸비하고, 끓어오르는 열정으로 태권도에 대한

확신과 신념을 불태우는 모습일 것이다.

그렇다면 진정 참다운 태권도 지도자의 모습은 무엇일까?

내면적인 순수하고 깨끗한 마음가짐으로 하루를 시작하며 도장을 바라보고, 자신의 몸을 닦듯이 도장을 닦는 소중한 마음을 바탕으로 진실로 태권도를 이해하고, 인간적인 향기를 품고 내 몸 속의 피를 나누어 주는 심정으로 제자를 길러내어 냉혹한 세상 속에서 바르고 건실한 커다란 수목의 모습으로 만들어가는 것이 진정한 이 땅의 태권도 지도자의 모습일 것이다.

세상에서 가장 강한 것은 바로 사랑일 것이다. 나는 과연 도장 내에서 어떠한 몸가짐과 마음가짐으로 오늘을 준비하고 내일을 설계하고 있는가? 스스로에게 묻는다.

기억 속에서 희미하게 떠오르는 어디선가 읽었던 이야기가 생각난다.

어느 제철 회사의 사장이 그 회사 공장을 순시하며 직원들을 독려하며 돌고 있는 동안에 같은 연배인 듯한 나이가 지긋한 직원 한 명이 앞으로 나오며 인사를 하고 덥석 손을 잡았다.

"날세! 나를 모르겠는가? 우리가 한 30년 전에 배고픈 시절에 단돈 5천 원을 벌기 위해 함께 이 공장 공사를 위한 잡역부로 일했던 친구일세."

"아! 그래 맞아! 나를 알아봐 주니 고맙네."

사장도 너무 반가워 서로가 포옹하며 떨어질 줄 모르고 이야기를 나누었다. 직원이 사장이 된 친구에게 성공의 비결을 물었다.

"자네는 5천 원을 벌기 위해 일을 한지는 모르겠으나 나는 제철 공장을 위해 일을 했지. 나는 5천 원을 벌기 위해서가 아니라 내 회사의 일에 곧 조직과 회사의 발전을 위한 길에 나의 모든 것을 다해 그리고 최선을 다해 사명감을 가지고 일을 하는 것이 바로 개인의 발전과 번영, 그리고 행복이 이루어질 것이라고 생각했다네. 이것이 자네와 나의 차이일 것일세."

이 이야기처럼 세상을 바라보는 시각의 차이가 엄청난 결과를 만들어낸다는 것을 발견한다. 경영 성공 지도자의 모습과 무도 성공 지도자의 모습이 바로 여기에 있구나!

인식의 차이와 인식의 전환이 또한 나의 모습을 일구고 만들어 내는 첫걸음이었구나 하고 다시금 느낀다.

우리 제자들의 기억 속에, 아니 가슴속에 남아 영원히 살아 숨 쉬는 날이 오길 바라며 오늘도 하얀 도복을 입은 내 가슴속 커다란 사명감으로 다가와 마음을 더욱 정중히 엄숙하게 한다.

Story 24

# 영화 '파파로티'

장호    쌤. 내 말임니더. 사람답게 살 수 있습니꺼? 내 같은 조
폭새끼도 성악, 이거 잘하믄 사람 소리 들으며 살 수 있
습니꺼?

선생님   장호야! 내 말 잘 들어 봐! 너 맨 처음에 우리 집에 와서
내가 니 노래 처음 들었을 때 왜 내가 그날 아무 말도 못
하고 바깥으로 나간 줄 알아? 부럽더라! 니가 정말 미치
도록 부럽더라!
장호야, 니 목소리는 말야! 그거 인마! 하늘이 내려 준 거
야. 난 죽었다 깨어나도 널 못 따라가. 내 장담한다. 넌
세계적인 테너가 될 수 있어!

장호    정말입니꺼?

선생님   장호야, 너 이제 이 검은 양복 벗고 턱시도 입고 살자! 인
마! 그게 니 운명이야!

장호    처음입니더. 내 보고 이래 말해준 사람 쌤이 처음입니더.
한 번도 내 보고 이래 말해 준 사람 없었습니더.

영화 '파파로티'의 명대사를 생각나는 대로 적어 보았다. 영화와 다소 다를 수 있으니 양해를 부탁드린다.

나 또한 우리 제자들을 생각하다 보면 미치도록 부러운 제자들이 있다. 정말 부럽다!

하지만 그들은 다른 곳을 향하고 있다.

하늘이 내려준 재능, 꼭 찾아 줄 것이다! 후회하기 전에 꼭….

비가 내리는 창밖을 보며 '나는 어떤 지도자인가?' 한 번 더 나 자신에게 묻고 또 묻는다.

행 복 한

동      행

# 내 인생에서 가장 소중한 1년 6개월

2007년 10월 23일, 나에게 청천벽력 같은 일이 벌어졌다.

뜻하지 않는 교통사고였다.

나는 온몸이 망가져 있었다. 그중에 왼쪽 무릎이 파열이 되어 평생 움직이지 못한다는 판정을 받았다. 그 사실을 알게 되었던 때가 눈을 뜨고 보니 3개월이 지나서였다.

영화 같은 일이 나에게도 일어나는구나! 문득 소름이 돋았고 깨어났을 때는 이미 3개월이 지난 다음이었고 얼굴 전체에 수염이 가득 자라 있었다. 나의 얼굴을 보는 순간 내가 아니었다. 마치 원시인 같았고 머리는 온갖 붕대에 압박해서인지 작은 움직임조차 힘든 상황이었다.

1년 6개월 동안 재활치료를 하는 데 올인했다. 그리고 희망이 조금씩 생기기 시작했었다. 왼쪽 무릎과 인대가 조금씩 신경을 찾기 시작한 것이다.

처음에는 적응하기 힘들었지만 시간이 지날수록 점점 익숙해졌고 규칙적인 생활이 육체와 마음을 건강하게 했다. 그래서 사람은 환경에 적응하는 동물이라는 말이 생긴 것 같다.

1년 6개월이란 시간이 나에게는 나를 되돌아보고 스스로를 점검할 수 있는 시간이 되었다. 그러다 보니 내 인생을 뒤로 한 발짝 물러서서 생각하는 여유 또한 가지게 되었다.

그렇게 내 인생을 되돌아보니 많은 부분을 헛된 것에 시간을 허비했던 것 같다.

나 자신의 가치를 찾기보다는 남에게 인정받기 위해 살아온 세월이었다. 내가 원하는 것을 생각하는 대신 다른 사람들이 나에 대해 무슨 생각을 하고 있는가를 걱정하느냐 너무 많은 시간을 낭비한 것 같았다.

우리는 끊임없이 누군가에게 무엇이 되고 싶어 한다. 그러면서 한편으로는 끊임없이 누군가에게 관심을 받고 싶어 한다. 누군가에게 기대고 싶고 힘이 되어주고 싶은 것은 분명히 그 사람에게 아름다운 마음이 있기 때문이다.

내가 바로 그랬다. 누군가의 관심을 받고 싶고, 기대고 싶고, 힘이 되고 싶지만 병원에서 힘들게 재활치료 하는 내가 너무 초라하고 힘들어서 그럴 수가 없었다. 그럴 때마다 나는 혼자 고함이라도 지르지 않으면 가슴이 터질 것 같은 때가 몇 번 있었다.

나에게 왜 이런 사고가 났는지 참으려고 하면 할수록 심장이 벌컥거리며 얼굴이 시뻘겋게 달아올랐다. 나는 그럴 때마다 쓰러질 정도로 재활치료를 하고 땀을 흘렸다. 또 병실에 누워서 글을 쓰며 스스로 더욱 강해질 수밖에 없다는 각오로 지나온 일과 앞으로의 일에 대해 설

계하며 글을 쓰며 준비했다. 어떻게 보면 '미친 사람 같다.'는 표현을 할 만큼 다른 사람과 전혀 다른 가치관이 생기게 되었다. 이 교통사고로 스스로 많이 바뀌었다고 생각한다. 더 독하게 생활할 수밖에는 없었던 것 같다.

그래서 나는 아직까지 찬물로 샤워를 한다. 매번 겨울이 되면 무릎이 시리고 아프다. 하지만 태권도인으로서 인내하며 부끄럽지 않는 무도인이 되기 위해 많은 노력을 해 왔다.

너무도 큰 고비와 사고로 젊은 시절 제대로 여유를 즐기지 못한 것이 아쉽긴 하지만 지금 땀 흘리지 않으면 나중에 눈물 흘리게 된다는 각오로 계속 도전할 것이다.

우리의 마음은 밭이다. 그 안에는 기쁨, 사랑, 즐거움, 희망과 같은 긍정의 씨앗이 있는가 하면 미움, 절망, 좌절, 시기, 두려움 등과 같은 부정의 씨앗이 있다. 어떤 씨앗에 물을 주어 꽃을 피울지는 자신의 의지에 달렸다.

# 나는 사고에서 사고의 원인을 배웠다

2007년 10월 23일, 뜻하지 않는 교통사고로 나는 온몸이 망가져 있었다. 그런 나의 옆에는 부모님이 울고 계셨다. 내가 죽은 줄만 알고 계셨단다.

나 또한 너무 슬퍼서 눈물이 나와야 하는데 눈물보다는 살아야겠다는 의지와 욕구가 샘솟았다. 중요한 건 왼쪽 다리에 신경이 정상이 아니라는 것이었다. 나는 그때까지만 하더라도 이런 생각을 했다. 어떤 목발을 할까? 멋있는 목발이 없을까? 참 미쳐도 제대로 미쳤는지! 곧이어 우울증도 생기게 되었다.

의사선생님의 소견으로는 무릎수술을 해야 한다고 했다. 수술보다 더 걱정이 앞서는 건 수술비용이었다. 집안 형편이 좋지 않아 부모님께는 걱정을 끼쳐드리고 싶지 않았다. 학창 시절 때부터 아르바이트를 하며 혼자 생활해서 부모님께는 피해 끼치는 걸 싫어했다.

다행히 5년 동안 직장생활을 하면서 모아 둔 여유 돈 5천만 원이 있었다. 그 돈이 나에게는 유일한 전 재산이었다. 그 당시 사업을 할 생각으로 돈을 모았지만 단 몇 초 만에 날아가게 될 줄이야. 그 돈으로

수술비를 내고 1년 6개월 동안 재활치료를 하는 데 올인했다. 그리고 왼쪽 무릎과 인대가 조금씩 신경을 찾기 시작했다. 너무 감사했다. 다시 태어나는 기분이었다.

나는 그 사고로 많은 것을 배웠다.

위대한 생각이 세상을 변화시키는 게 아니라 작은 생각이나 보잘 것 없는 아이디어라도 우선 실천해 보고 시행착오를 겪으면서 초기의 생각을 정리해 나가는 사람이 세상을 변화시킨다는 사실을.

나의 인생은 예기치 못한 사고의 연속이며 꿈의 목적지에 이르기 위한 작은 사건을 이전과 다른 방법으로 기획하고 저지르며 뒷수습하는 여정이라는 점을.

성공하는 사람들은 사고를 당해도 그 원인을 나로부터 찾기 시작하고 사고를 통해서 교훈을 얻지만 그렇지 못한 사람은 사고의 원인을 남의 탓으로 돌리고 내 탓이 아니라고 불평불만만 털어놓는다는 사실을.

나는 아직도 어쩔 수 없이 일어나는 사고에서 새로운 사유를 배우고 의도적으로 일으키는 사건에서 내 인생을 일으키는 방법을 배우고 있다.

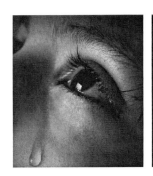

잘하는것 과 좋아하는것을 구분하고 새로운 목표와 인생의 기준점을 하나하나 새롭게 세워 나갔다.

# 오늘 나는 다시
# 태어난 사람이다

나라고 왜 쓰러지고 싶은 날들이 없었겠는가?

맨몸뚱이 하나로 가장 밑바닥에서 부대끼면서 때로는 포기하고 싶었고, 쓰러지고 싶었고, 나 자신을 버리고 싶을 때도 있었다.

하지만 그때마다 나를 버티게 할 수 있는 힘, 그것은 바로 스스로에 대한 사랑과 긍지였다. 그리고 아주 오래 전부터 꾸어왔던 꿈이었다.

꿈은 나를 어둡고 험한 세상에서 빛으로 이끈 가장 큰 힘이었다.

내 안의 끊임없는 외침! 잠시도 멈춤이 없다.

돈, 명예, 인정, 스펙, 위치가 아닌 내가 그토록 이루고 싶었던 그 일을 발견한다면 나는 세상에서 가장 행복한 사람이다.

누군가에 의해서 움직이는 것은 STOP!

행 복 한

동        행

내 안의 깊은 소리를 찾아 한걸음 나아가자.

언제?

지금 바로 내 안의 희망의 숨소리를 찾아라!

그렇게 나날이 새 날이 되고 매일매일 나는 새로운 생명이 된다. 어제를 살면서 비록 실수가 있었다 하더라도 오늘 나는 다시 새롭게 태어난 사람이다.

유년 시절 난 이소룡 영화를 한 편도 빼 먹지 않고 봤다. 그 이유 중하나는 그가 무술하는 시간 이외에 책을 항상 가까이 했기 때문이었다. 나는 그의 철학관을 머릿속에 익히기 시작했다. 그가 살면서 읽은 책은 도서관을 열 수 있을 만큼 많았다고 한다.

이소룡은 "운동하는 사람은 운동밖에 할 줄 몰라." 하는 대중들의 편견과 고정관념을 깬 무술가였다. 세계적인 무술인이자 배우, 철학자인 이소룡의 명언 중에서 내가 가장 좋아하는 것이 있다. 그 말은 지금까지 가슴 깊이 새기며 제자들에게까지 가르치고 있다.

지금도 이 말을 크게 외치면 항상 초심으로 돌아가게 된다. 참 감사하다.

"아는 것만으로는 부족하다. 반드시 실천해야
된다. 원하는 것만으로는 부족하다. 반드시 실행
해야 된다."

지금처럼 안다는 것만으로는 부족하다. 응용
할 수 있어야 한다.

그래서 나는 오늘 다시 태어난다.


불행의 원인은 늘 자신이다.

몸이 굽게 되면 그림자도 굽으니 어찌 그림자 굽은 것만 한탄할 것

인가!

나 이외에는 아무도 나의 불행을 치료해 줄 사람이 없다.

# 태글리쉬(영어태권도) 강사 시절

이곳 평택에서 도장을 운영하면서 더 큰 욕심이 생겼다. 주말을 이용해 이마트, 롯데마트, 뉴코아아울렛, 이 세 곳에서 태글리쉬 강사활동을 했다. 주말에 쉬지도 못한 채 너무 피곤했지만 아이들의 맑은 눈동자를 바라보면서 많은 것을 느꼈다.

지금 이들의 맑은 눈동자에 비친 희망의 눈빛을 더 크고 더 넓게 펼칠 수 있도록 최선을 다할 것이라는 다짐과 함께 무한한 감동을 느꼈으며 그 감동의 무게만큼이나 책임감 또한 느꼈다.

영어태권도를 전파하기 위해 난 누구보다 열심히 발로 뛰고 학부모님들에게 알렸다.

하지만 두 마리의 토끼를 잡기엔 너무 힘이 들었다. 강사활동을 하다 보니 체육관운영에 소홀할 수밖에 없었다. 제일 중요한 내실에 소홀하다 보니 수련생은 점점 줄어드는 것을 몸소 느꼈다.

　때마침 우연의일치였을까? 설상가상으로 뉴코아아울렛에 담당실장님이 바뀌면서 태글리쉬를 중단하라는 요청이 들어왔다. 주변 태권도장에서 태글리쉬를 못하게 하라는 항의 전화가 왔다는 것이다. 참 서글픈 현실이었다. 남이 잘되는 게 배가 아픈 모양이었는지….

　나는 점점 힘이 빠지고 나약해지기 시작했다 며칠 동안 몸살에 여러 가지로 힘든 상황이었다. 그래서 난 어쩔 수 없이 하나를 버려야 했다.


　　더 좋은 것을 원한다면 갖고 있는 것을 버려라. 무언가를 꼭 쥔 두
　　손으로는 아무것도 잡을 수 없다. 더 좋은 것을, 지금보다 더 갖고
　　싶으면 먼저 손에 쥔 것을 버려야 한다.
　　−서양 속담−


얻고 싶은 게 많을수록 버려야 할 것도 많다.
들꽃의 향기를 맡고 싶다면, 도시의 편안함을 버려야 한다.
역사에 이름을 남기고 싶으면, 눈앞의 허영을 버려야 한다.
포기는 곧 선택이자 지혜이다.
지금도 나는 그때 일을 떠올리며 지혜롭게 하나를 버리려고 한다.


행 복 한
동　　행

Story 29

# 외국인 친구

　사실 내가 존 풀(캐나다유학생)과 인연을 맺게 된 것은 나에게는 행운이었다. 그는 캐나다에서 태권도 사범으로 생활하고 있었는데 우연히 한국으로 여행을 오게 되면서 나와 만났다. 노사연의 '만남'이라는 노래가사처럼 우리의 만남은 우연이 아니었다. 2008년 7월, 도장을 개관하면서 나에게는 새로운 프로그램에 대한 아이디어가 떠올랐다.

　그것은 바로 '영어태권도'였다.

　이곳 평택에서 내가 과연 성공할 수 있을까? 내 자신에게 묻고 또 묻고 고민했었다. 3개월 동안 내가 직접 영어태권도를 접하다 보니 한계에 다다랐고 수업에 질이 떨어진다는 것을 느끼게 되었다. 그래서 고민거리가 늘었다. 영어태권도를 한국인이 지도하는 것보다는 외국인이 직접 지도하는 것이 어떨까? 오직 이 생각뿐이었다. 구인광고에 혹은 인터넷에 올렸지만 쉽지만은 않았고 그냥 포기할까도 생각했지만 고향에 계신 부모님이 떠오를 때마다 "아니야!"를 외치며 "포기하지 말고 힘내자! 아자! 난 할수 있어."라고 용기를 냈다. 외국인이 모인 곳에 가면 좋은 인연이 생길 것이라는 막연한 생각으로 기대감과 설렘에 부풀어 직접 찾아 나섰다. 그래서 그날 저녁 수업을 마치고 외국인이 모인 송탄 부대 쪽 바에서 기분전환으로 술을 마시게 되었다.

혼자 뻘쭘하게 술을 마시고 있으니 뭔가 모르게 어색했다. 내가 여기에 왜 있지? 외국인들이 나를 쳐다보는 시선이 예사롭지 않았다. 속으로는 이러다가 몰매 맞는 거 아냐 하고 긴장을 많이 했다. 그러던 와중에 한 외국인 친구가 말을 걸어 왔다.

| | |
|---|---|
| 존 풀 | Where are you from? |
| 나 | I am from korea. |
| 존 풀 | Nice to meet you. |
| 나 | Nice to meet you, too. |
| 존 풀 | What is your name? |
| 나 | My name is park byung ho. |
| 존 풀 | What is your hobby? |
| 나 | My hobby is Taekwondo. |

이렇게 우리는 태권도 하나로 통했다.

행 복 한
동　　행

존 풀과 나는 거래를 하게 되었다.

나는 친구가 필요하다고 말했다. 이런 말에 당황한 존 풀은 어이가 없었는지 웃고만 있었다.

"1년 동안 우리도장에서 사범으로 일해 줬으면 좋겠어. 대신 이곳 평택에서 내가 한국말과 태권도를 더 잘 가르쳐 줄 테니 나를 도와 줘."

그런 나의 모습이 더 솔직해서 진실되게 와 닿았는지 그는 생각할 시간을 달라고 했다. 그리고 나는 존 풀에게 연락처를 주고 헤어졌다. 그 다음날 오후 3시쯤 한 통의 전화가 왔다.

"Hello. Mr. park."

존 풀의 목소리였다. 우리 도장에 방문하겠다는 전화였다. 너무 감사했고 제자들에게 영어태권도를 제대로 지도할 수 있는 통로가 생겼

다는 것에 대해 기쁨의 눈물을 흘렸다.

　이렇게 해서 존 풀과의 만남이 시작되었고 소문이 점점 퍼져나가기 시작하며 관원생이 점점 늘어나기 시작했다. 아이들은 나보다 존 풀을 더 좋아했고 존 풀이 하루 정도 결근하는 날은 아이들이 먼저 "관장님, 존 풀 어디 갔나요?" 하고 시도 때도 없이 찾았다. 솔직히 질투가 날 정도였다.

　존 풀은 아이들을 사랑으로 지도하고 항상 웃는 얼굴에 친절하기까지 했으며 아이들을 잘 챙겨주었다. 나는 그런 존 풀에게 최고의 대우를 해 주었다.

　1년 동안 같이 지냈던 존 풀이 그립고 보고 싶다.

행　복　한
동　　　행

# 다이어리는 나의 습관을
# 만들어 주었다

7년 동안 무작정 메모를 하고 글을 썼다.

모든 아이디어는

막연한 끄적거림 속에서 잉태된다.

이것저것 생각나는 대로 메모해보고

그것들 간의 관계를 그림으로 도해해보고
다시 도해된 그림 속에 나타난 개념들을
하나씩 다시 따져보고
그리고 다시 그림으로 그려보고
그려진 그림을 글로 써보고
그렇게 끄적거리다 보면
복잡하고 모호했던 개념과 개념망도
단순해진다.

관계없는 것을 끌어다 관계있는 것으로 만들면서
보이지 않았던 관계가 색다른 관계로 부각될 때
그리고 이전과 다른 관계맺음으로 출현할 때
현상과 사실 이면의 구조가 보이기 시작한다.

보이는 현상은
보이지 않는 구조나 원리가 움직인다.
보이지 않는 구조나 원리를 포착할 때
사물이나 현상의 본질에
더 가깝게 다가가게 되고
이전보다 훨씬 단순하게 표현할 수 있게 된다.

단순함은 복잡함 속에서 탄생했지만
사실 단순한, 단순하게 핵심을 표현하려고

행 복 한
동        행

치열하게 노력하는 가운데
본질에 이르렀을 때
비로소 나타난다.

그래서 단순함은
언제나 치열함 속에서 탄생되고
복잡함은 나태함과 함께 친구로 지낸다.

# 형님 같은 멘토

'멘토(Mentor)'라는 말은 호메로스의 「오디세이아」에서 나왔다고 한다. 고대 그리스에서 오디세우스가 트로이로 출정하며 아들 텔레마코스를 절친한 친구인 멘토에게 맡겼다고 한다. 그는 오디세우스가 돌아올 때까지 텔레마코스의 친구, 선생, 조언자, 아버지 역할을 하며 잘 돌봐주었다. 그 이후 '멘토'는 '지혜와 신뢰로 인생을 이끌어주는 지도자'라는 의미를 갖게 되었다.

나에게도 그런 멘토이자 형님이 있다. 그는 미국 대통령상 수상자이며 영어태권도 교재를 발간하고 태권도 전국대회 금메달을 획득할 정도의 실력자이다.

이번에는 무예 마술사가 되어 한국과 여러 나라 어린이들에게 '꿈과 희망'을 심어주기를 한다고 한다. 신기한 마술도 보여 주겠지만 무엇보다 제자들에게 가진 '꿈을 이루고자 하는 마음가짐'을 심어주는 훌륭한 유명인사이기도 하다. 항상 어려운 일이 있을 때마다 나를 도와주고 계신다.

　형님과의 첫 만남은 내가 첫 번째 태권도장 운영을 실패하고 해외봉
사를 다녀와 다시 주말을 이용해서 뭔가 새로운 도전을 하고 싶다는
생각을 하던 때였다.

　나는 태권도선교시범단이 되고 싶었다.

　태권도시범단이 되기 위해 시범단이 있는 곳으로 찾아가야만 했다.
그것은 나에게 새로운 도전이자 꼭 하고 싶었던 것이었다.

　힘들고 어려웠지만 나는 태권도 지도자로서의 자부심만은 가득했
다. 그렇게 힘들게 시범단을 하고 싶어 만난 사람이 있다. 바로 최재
영 단장님이다.

　"시범단원이 되고 싶습니다. 시범단원이 되도록 이끌어 주십시오!"

이렇게 좋은 인연이 시작되었다.

일에 대한 열정으로 새벽에 일어나도 피곤해하지 않고 늘 메모하며 영감이 떠오르는 즉시 기록하는 습관들은 또한 형님의 영향으로 나도 모르게 나의 행동이 곧 규칙과 합일이 되었던 것을 알게 되었을 때 행복했다.

나는 최재영 형님과 의형제를 맺고 많은 가르침을 받고 있다.

형님은 현재 윙스컨설팅 대표이자 내가 운영하는 무도과학경영연구소의 자문위원으로서도 든든한 버팀목이 되어주고 있다.

내가 살면서 만났던 대부분의 사람들은 자기만의 색안경을 끼고 세상을 본다. 또한 자기가 보고 싶은 것만 본다. 그것은 권력을 가진 지도자나 CEO들이 더 심했다. 내가 만났던 CEO들이 보는 세상은 넓은 것 같지만, 실상은 보통 사람보다 좁을 때가 많았다. 힘없는 사람들은 듣기 싫은 말도 억지로 참고 들어야 하지만, 힘 있는 사람은 듣기 싫어하는 말을 하는 사람을 외면했다. 그들이 아는 세상은 실제와는 전혀 딴판인 경우가 허다했다.

나 또한 태권도장의 리더인 관장이지만 사원인 '사범님'과 '실장님'을 채용해서 운영하는 작은 CEO라고 볼 수가 있다. 나 또한 주변에서 싫은 소리보단 가식적인 얘기를 많이 듣다 보니(나도 그렇게 상대방에게 가식적인 말을 많이 하였다.) 좁은 시야를 가질 수밖에 없었다. 쓰잘데기 없는 CEO로서의 아집에 사로잡히기 십상이다. 바로 그럴 때마다 어찌

아시는 건지 최재영 대표께서는 나에게 항상 회초리를 드는 말들을 쏟아 내신다. 그래도 고쳐지지 않으면 당신 자신을 던져 나를 가르치신다. 몇 달 전에도 한 말씀 하셨다.

"박 관장, 아니 병호야! 이번에 형이 실망이 크다. 당분간 형 볼 생각 하지 마라."

그리고 내가 어느 정도 시간이 흘러 내 잘못을 반성하고 있을 때쯤에는 어김없이 연락이 온다.

"그동안 반성 많이 했니? 형이 너무 많이 보고 싶다! 내일 시간되니?"

나는 이런 최재영 대표님이 나에게는 든든한 멘토이다.

밥은 먹을수록 살이 찌고 나이는 먹을수록 슬프지만 형님은 알수록 좋아진다.

내 마음에 새긴 존경은 영원할 것이다.

# 참 좋은 지도자

매력 있는 지도자보다
멋지고 잘생긴 지도자보다
참 좋은 지도자를 만나십시오.

말 잘하는 지도자보다

행 복 한
동    행

재미있는 지도자보다
올바른 지도자를 만나십시오.

달콤한 말을 자주 말하는 지도자보다
눈빛으로 마음으로
존중할 줄 아는 지도자를 만나십시오.

매력 있고 멋진 지도자는 참 많지만
잘생긴 지도자는 참 흔하지만
참 좋은 지도자는 정말이지 없습니다.

말 잘하는 지도자는 많고
재미있고 웃긴 지도자는 흔하지만
바른 지도자는 참 드뭅니다.

사랑을 말하는 지도자
불처럼 뜨거운 지도자
참 많고 많이 들리지만

늘 한결같은 바위 같은 지도자는
어디에도 잘 없습니다.

찰나의 느낌으로

사랑이라 말하는 세상.

부디 끝까지 변치 않는
사랑함이 생의 모든 것인
그런 일생의 지도자를 만나십시오.

아이들에게 사랑한다는 흔한 말보다
아이의 인생의 짐을 함께 나누는

그런 깊이 있는 지도자를
꼭 알아보십시오.

# 두 번째 직장생활

14년 전 군 제대를 하고 (주)CAPS 시험에 합격해서 두 번째 직장생활을 시작했다. 이 회사에 들어가기 위해 경비지도사 자격증까지 취득했었다. 지금은 CAPS에서 ADT로 바뀌었다.

나는 아파트, 사무실, 매장, 은행 및 관공서 출동보안요원 및 서비스 고객 응대 시큐리티 플래너로 활동했다.

출동차를 타고 다녔기에 은행 사람들과 시간을 보내기도 하고 일반 대형마트나 사장님들과 하루일과를 보내며 야간 순찰 및 담배 도둑을 잡거나 금품털이 하는 청소년 및 범죄자를 잡아서 경찰서로 넘기는 일을 했다.

일을 하는 도중 위험한 순간과 고비도 많았다. 위험한 일을 하다 보니 초치기 범죄자와 직접 격투를 벌인 적도 있고 내가 다쳐 병원에 입원한 적도 있었다.

하지만 고객의 안전과 사업장을 지키는 것이 나의 업무이자 내가 하고 싶었던 일이었기에 힘들어도 참고 견뎌내야만 했었다.

캡스에 다니고 있을 때의 일이다.

다른 이야기도 많지만 가장 따뜻하고 내가 정말 좋아하는 일이 무엇인지 깨닫게 해주는 경험이었다.

우리 거래처 지인이 근무하고 있는 은행에서 신용카드 신규신청 할당이 1인당 100여 장이 나와서 도와주기로 약속하고 회사 직원들에게 부탁하며 돌아다니고 있었다. 정말 쉬운 일이 아니었다.

그런데 회사에서 청소용역을 하고 계시는 분이 나를 조용히 부르시더니 할당이 얼마나 되느냐고 물으셨다. 그리고 도와주겠다고 하시고는 카드신청용지를 모두 빼앗아 가시더니 얼마 후에 수십 장이 넘는 신청서를 가져다 주셨다.

너무 놀라서 이렇게 도와주신 이유를 물었더니 아저씨는 이렇게 말씀하셨다.

"우리 청소부 용역들이 새벽부터 출근하여 일을 하는데, 자네처럼 우리에게 매일 볼 때마다 웃으면서 인사를 하는 직원은 처음이었어. 평소 모두들 너무 고맙게 생각하고 있었는데 마침 자네가 힘들어하는 것 같아 우리들이 도와주기로 결심하고 이렇게 한 집에 두서너 장씩 신청서를 받아왔지."

아저씨는 오히려 내게 고맙다고 말씀하셨다. 생각해 보니 나는 어

행 복 한
동　　　행

른이나 아는 사람을 만나면 저도 모르게 먼저 웃으면서 인사를 하는 습관이 있었다.

이렇게 나는 소중한 분들의 도움으로 거래처 지인의 할당량을 초과하여 목표를 달성하게 되었고 거래처 지인은 지점에서 1등을 하게 되어 상금까지 받았다.

이 경험은 나의 인생방향을 결정짓는 중요한 계기가 되었다. 이러한 '예의'가 미래의 성공열쇠라고 확신하고 좀 더 체계적으로 인성교육과 리더십을 공부하게 되었던 것이다.

미래의 사회는 지식사회에서 지혜의 사회로 변화되어 가고 있다. 지식은 이제 성공의 열쇠가 아닌 누구나 열심히 하면 얻을 수 있는 공통의 기회이다. 이러한 지식의 바탕위에 정직하고 예의바른 인성(리더십)교육이 더해져 나보다는 상대를 배려할 줄 아는 지혜로움을 갖고 성장한다면 우리 대한민국은 분명 반드시 더 성장할 것이다.

경험이 나에겐 아이디어, 철학, 비전, 열정, 인내, 리더십, 인성을 알려주었다.

이 단어와 함께 난 평생 함께 할 것이다.

# 김치의 진리를 맛보다

11월 초 가장 많이 하는 것이 있다면 월동준비 '김장'일 것이다.

15년 전 군 제대를 하고 처음으로 직장생활을 한 (주)영성상사(김치식품) 사원으로 일할 때를 떠올려 본다.

그냥 돈을 많이 벌 수 있다는 신념하에 김치식품에서 취직했다.

지금 와서 생각해 보면 추운 겨울날 어떻게 그렇게 힘든 걸 잘 견뎠을까?

김장배추를 하루에 2천 개씩 나르며 여러 과정 속에 김치를 만드는 일을 맡아서 했다. 대부분 아줌마(이모)들이 80% 이상이었기 때문에 힘든 일은 남자 사원이 해야 했다. 남자 사원은 오직 힘쓰는 일을 하고 남는 시간은 이모들을 도왔다. 하루 일과를 마치고 집으로 귀가하면 손목이며 허리며 이리저리 온몸이 쑤시고 아팠지만 힘든 일을 하면서 더 큰 비전을 생각하게 되었고 부지런함과 성실함을 몸소 배울 수 있었다. 여기서 새로운 경험을 했기에 오늘의 내가 있는 것 같아 감사하고 또 감사하다.

우리 회사가 일본까지 진출한다는 이야기를 들은 뒤 나는 항상 기대에 부풀어 있었다.

이런 나를 좋게 봐주신 사장님께서는 "2년만 고생해, 박 대리. 2년 뒤에 일본에서 일하게 될 거야. 박 대리가 상상하는 그 이상이 될 거야." 하고 나를 토닥거리며 큰 비전을 심어 주고 날 많이 예뻐하셨다.

그래서 나는 누구보다 열심히 일하며 인정받는 사원이 되려고 30분 일찍 출근하며 1시간 늦게 퇴근하며 일본으로 간다는 생각에 늘 열정적이었다.

하지만 이런 열정도 잠시였다. 회사가 부도가 나면서 사원 구조조정에 들어가게 된 것이다.

결혼하지 않는 사원부터 자른다는 소문이 돌던 어느 날이었다. 우리 회사에서 항상 근면 성실하고 정시에 출근하며 믿을 만하고 열심히 일하시는 아저씨 한 분이 계셨다. 그런데 그런 아저씨에게는 큰 문제가 하나 있었다. 항상 부정적인 생각에 빠져 있다는 것이었다. 그분은 늘 비관적이고 언제나 최악의 상황을 상상하면서 두려워했으며 언제 불행이 닥쳐올지 모른다고 안절부절못하셨던 분이었다.

어느 초여름이었다. 한 직원의 생일을 축하하기 위해 퇴근 시간을 앞당겼다. 시간이 되어서 파티 준비를 위해 회사 직원들과 집으로 가고 있었다.

그런데 그 아저씨는 혼자 김치 냉동창고에서 일을 마무리한다고 남았다가 냉동창고에 갇히고 말았다. 자신이 냉동창고 안에 갇힌 것을 깨달은 순간 아저씨는 공포에 사로잡혔을 것이다. 팔과 주먹에 피멍이 들 정도로 문을 두드리고 소리를 질렀지만 동료들은 모두 퇴근한 후였다. 그 아저씨는 점점 추워지니까 자기가 죽을 거라고 생각하고 미리 유서를 적었다.

그 유서 내용은 이랬다. '너무 춥다 몸이 마비된다. 빨리 나가지 않으면 난 죽을 것이다.'

그 아저씨는 다음날 아침 냉동창고 구석에 쪼그린 채 죽은 상태로 발견되었다. 부검결과 동사라고 했다.

그런데 경찰 조사에 따르면 아저씨가 갇힌 냉동창고는 전원이 켜져

행 복 한
동　　　행

있지 않았다. 사실 오래 전에 고장이 나 있었고 기능이 정지된 상태였다고 한다. 냉동창고의 온도는 보통의 실내 온도보다 약간 낮을 뿐이었다.

이 사건 이후로 회사는 갑작스레 문을 닫게 되었고 나는 또다시 다른 일자리를 찾으려 다녀야만 했다.

이 회사를 다니는 동안 큰 교훈을 얻었고 큰 생각을 하게 되었다.

항상 긍정적인 사고로 살아야 하고 인생에서 앞날은 예측하기 어렵다. 살다 보면 계획대로 되지 않는 일이 더 많고 계획대로 풀릴 때보다 계획대로 되지 않을 때 내가 어떻게 대처하느냐에 따라 삶은 무한한 배움을 얻을 수 있고 날개를 달고도 한없이 추락하여 나락으로 떨어질 수도 있다.

> 사람은 자신이 생각하는 모습대로 되는 것이다. 지금 자신의 모습은 자신의 생각에서 비롯된 것이다. 내일 다른 위치에 있고자 한다면자신의 생각을 바꾸면 된다.

# 택시기사의 삶

12년 전 추운 겨울 나는 아르바이트로 택시운전을 하고 있었다.

그때 그 기억을 떠올려 본다.

겨울로 가는 길목에서 힘든 삶을 온몸으로 부둥켜 안고 버티면서 서성거리는 사람들의 모습을 보고 있으면 내 몸과 마음은 북극의 얼음처럼 냉정하게 그냥 지나가게 되었다. 따뜻한 햇살을 등지고 넋 놓고 있다가 갑자기 어두워진 차가운 밤기운을 못 이겨 잔뜩 움츠린 채 집으로 향하는 사람들의 뒷모습을 보고 있으면 가족이 생각나고 집에서 기다리는 부모님이 더 그리워지곤 했었다.

사는 게 힘에 겨워 어쩌다 마련한 한 푼의 돈으로 마셔버린 깡소주에 취해버린 사람들의 아픈 목소리와 슬픈 애환을 듣고 있으면 마음이 아프고 무거워졌다.

그래서 나는 성공하겠다, 진짜 더 열심히 살겠다는 생각을 더 많이 할 수밖에 없었다.

한없이 내려가는 빙하기 경제의 이면과 바닥을 알 수 없이 주저앉기만 하는 밑바닥 사람들의 찌든 삶의 정면을 택시를 운전하면서 나에게 하소연 하는 사람들을 보며 내 몸으로 느끼곤 했었다.

더 추워지기 이전에 혹한과 삭풍의 겨울을 견뎌내기 위해 시간이 없지만 그럼에도 주어진 시간에 우리가 할 수 있는 월동준비가 무엇인지를 생각했다. 격전의 택시운전 현장에서 현실을 온몸으로 느끼고 나니 세상이 참 힘들지만 하루하루 버티고 또 해야만 하기에 더 세상에 도전해야 한다는 생각이 들었다.

그때 한 살이라도 젊을 때 했던 택시운전이 나에게는 삶을 살아가는 한 가지 방법이자 내 삶의 전부가 될 수 있음을 책상이 아니라 일상에서 부딪혀보며 그 사람들의 숨소리를 겸손히 기억해 본다.

힘들게 번 돈으로 힘들게 살아가는 사람들과 소주 한 잔 나누며 많은 도움은 안 되겠지만 그들과 함께 그 자리에 있어주고 싶다. 비오는 날 우산을 씌워주는 게 아니라 함께 비를 맞아주는 것처럼….

그래서 사치스러운 언어와 허공을 맴도는 관념, 현실과 동떨어져 붕 떠 있는 이론의 허구성이 얼마나 우리 삶을 왜곡시키고 있는지를 알리고 싶다. 그리고 현장의 언어와 감각으로 글로써 속 시원히 힘겨움에 찌들어 있는 사람들에게 큰 힘이 되어드리고 싶다.

# 10 10 10 법칙을 아는가?

나는 지금까지 태권도장을 시작하기까지 많은 것을 경험했고 많은 것을 느꼈고 그리고 많은 것을 배웠다. 이런 나의 경험과 느낌 그리고 배움이 없었다면 아마도 지금의 경희대삼성태권도장은 없을 것이다.

나는 태권도장을 하기 전 20대에 자동차 영업사원 때에 경험과 배움을 지금까지 내 가슴에 묻고 그것을 나의 철학마인드로 소중하게 간직하고 있다.

처음엔 정장 차림으로 출근하고 사람을 만나는 게 폼 나고 재미있는 일인 줄 알고 시작했지만 막상 부딪쳐 보니 나에게 너무 힘든 직업이었다. 영업사원이라는 직업 때문에 소중한 친구를 떠나보내야 하는 슬픈 일도 많았고 건물상가에 찾아가 사장님들에게 문전박대를 당해 심하게는 나의 얼굴에 소금을 뿌린 적도 있었다.

그래도 나는 참고 또 참았다. 생계를 위해서, 나의 미래를 위해서, 마지막으로 나의 꿈을 위해서….

사람과 사람 사이에서의 믿음보다는 직업에 대한 애착과 자부심이 강해서 생계를 위해서 사람을 대한 적이 많았다. 그렇다고 다 그런 건 아니었지만 달갑게는 보이지 않았는지 점점 사람들이 나를 피하며 바쁘다는 핑계로 멀어져 갔다. 그때마다 나는 이런 일은 나에게 맞지 않는구나, 세상이 다 내 뜻대로 되지 않는구나 하고 나 스스로에게 위안을 찾았다.

시간이 지나 나의 주변에 친구들이 하나하나 떨어져 나가고 점점 나에게는 주변에 아는 사람조차 떠나가게 되었다. 이런 시련과 고통의 순간들이 나에게 또 다른 철학마인드를 정립하게 해 주었다.

"사람이 재산이다."라고 우리들은 흔히 말한다.

주위 사람들과 어떻게 많은 사람들을 소중하게 관리하고 이어갈 수 있을까?

사람과의 관계 사람을 관리하는 '10 10 10 법칙'이 바로 이것이다.

새로운 사람을 만나 유지하는 데 10만 원이 들고 한 사람을 잃는 데는 10초밖에 걸리지 않고, 한 사람을 다시 찾는 데는 10년이 걸린다는 나의 경험담이다.

내가 영업사원으로서 다시 일어날 수 있었던 건 바로 문자의 힘이었던 것 같다. 나는 그 당시 물론 지금도 마찬가지지만 사람을 처음 만나 명함을 받으면 바로 다음날 항상 문자를 보냈다. "고객님, 좋은 만남 좋은 인연 소중하게 이어 가겠습니다. 삼성르노자동차 대리 박병호 올림." 그 문자를 보낸 후부터 누가 되었든지 사소한 일과 행사가 있을 때마다 항상 모든 사람에게 문자를 보냈다.

어떤 때는 매일 문자를 보내는 날도 있었고 적어도 일주일에 두세 번 이상은 문자를 보냈다. 행사와 일이 없을 때는 좋은 글과 날씨 관련 문자를 보냈다. "내일은 비가 옵니다. 우산 꼭 챙기세요! 삼성르노

자동차 대리 박병호 올림." 고객을 처음 만나고 한 달 후에 다시 그 사람을 만나면 적어도 나에게 10번 이상의 문자를 받았기 때문에 그 고객은 나의 VIP가 되었다.

한 달에 문자요금만 5~6만 원 돈이 나왔다. 나머지는 직접 찾아가 자판기 커피를 마시며 한 명, 한 명 소중한 고객을 만났다.

자동차 영원사원이라는 직업을 경험하지 않았다면 한 번 잃은 사람을 되찾는 것은 정말 힘들다는 지혜와 지식을 얻지 못했을 것이다.

아래의 내용은 내가 영업사원을 하면서 배우고 터득한 성공의 세 가지 방문이다.

성공한 사람들은 세 가지 방문을 잘해야 한다고 한다.

첫 번째 방문은 전화나 말로 사람을 부드럽게 하고 칭찬하며 용기를 주는 입 방문, 두 번째 방문은 편지나 문자, 카톡을 써서 사랑하는 진솔한 마음을 전달하는 손 방문, 세 번째 방문은 아프거나 어려움이 있

행 복 한
동      행

을 때, 혹은 이유 없이 방문하여 마음을 전달하는 발 방문이다.

내가 지금의 자리에 있기까지는 10 10 10 법칙을 만든 나의 경험담이 바탕이 되었다.

알고 있지만 행동하지 않는 것은
진정으로 아는 것이 아닙니다.
우리가 '하고 있다'고 생각하는 것이 아니라
고객이 '그렇게 느끼고 있는가?'가 훨씬 더 중요합니다.
고객은 서비스맨과 나누었던 '대화내용'보다
대화 시 느꼈던 '느낌'을 더 깊이, 더 오래 기억합니다.
표현하고 실천합시다.
우리의 따뜻한 마음이 고객에게 전해질 수 있도록….

# 인생이란?

인생은 보이지 않는 승차권 하나 손에 쥐고 떠나는 기차여행과 같다.

연습의 기회도 없이 한번 승차하면 시간은 거침없이 흘러 되돌리지 못하고 절대 중도에 하차할 수 없는 길을 떠난다.

강아지풀이 손 흔드는 들길, 푸르른 숲으로 둘러진 산, 금빛 모래사장으로 눈부신 바다를 만나며 밝은 아름다움이 주는 행복을 느끼고 때로는 어둠으로 찬 추운 터널과 눈보라가 휘날리는 매서운 길이며 때로는 뜨겁게 숨 막힐 듯한 험한 길을 지나갈 때도 있다.

허나 고통과 막막함이 느껴지는 곳을 지난다고 해서 우리의 손에 쥐어진 승차권을 내팽개쳐 버리거나 찢어버릴 수는 없다. 지금 빛이 보이지 않는다고 해서 목적지에 채 도착하기도 전에 승차권을 찢어버리고 중도하차 하려는 인생은 어리석다 할 수 있다. 인내하며 가야 할 것이다.

어두운 터널을 통과하고 나면 지금보다 더욱 더 아름다운 햇살이 나의 머리맡에 따스하게 내릴 것이라는 희망을 안고 말이다.

나의 인생이란 무엇인가? 나는 무엇을 이루고 싶은가? 자신의 에너

지를 어디에 써야 좋은가? 이것을 결정하는 것이 중요하다. 그런 의
미로 나는 이 한 문장을 정했다.

오르고 싶은 산을 결정하라. 이것으로 인생의 반은 결정된다.
자신이 오르고 싶은 산을 정하지 않고 걷는 것은 길 잃고 헤매는 것
과 같다.
―손정의 소프트뱅크 회장―

# 주말에 본 영화

'국제시장'

모처럼 영화를 보았다. '국제시장'은 대한민국의 모질고 아픈 역사인 전쟁을 배경으로 한 가족의 이별사와 그리고 아버지 없는 가정의 장남으로 살아야 했던 한 남자의 파란만장한 이야기를 눈물로 만든 영화다.

영화는 뼈가 시리도록 추운 겨울 흥남항에서 배를 이용하여 철수하는 장면으로 시작된다.

어린 주인공은 생사를 걸고 미군 함정에 승선하는 도중 등에 업은 여동생을 떨어뜨리고 천신만고 끝에 국제시장에 있는 고모가 운영하는 꽃분이네 가게에서 더부살이를 하게 된다.

그 후 학비를 벌기 위해 파독광부를 지원하는 주인공과 친구의 삶은 그야말로 가난했던 대한민국 국민들의 참상을 그대로 보여준다.

갱도가 무너져 갇힌 주인공과 이 소식을 듣고 정신없이 주인공을 찾아 헤매는 여인의 가난한 나라에서 온 불쌍한 사람들을 살려달라고 애원하는 울부짖음은 가난하고 불쌍한 나라의 국민이 고스란히 감당해야 하는 슬픔을 그대로 담고 있다.

사랑하는 여인과 꿈같은 결혼식을 하고 행복한 가정을 꾸리며 살아가던 주인공은 그 기쁨도 순간이고 생활고로 인하여 다시 월남전에 참전한다. 그곳에서 생사의 고비를 몇 차례 넘긴 주인공은 결국 다리에 총을 맞고 불구로 귀국한다.

고모 가게를 인수하고 여동생 결혼도 시키고 그럭저럭 살고 있던 주인공에게 이산가족찾기 상봉의 열풍이 몰아친다.

미국과 한국이라는 거리를 넘어 카메라를 통해 생방송으로 연결된 여동생과 주인공의 오열 그리고 텔레비전을 보면서 오열하는 어머니와 가족들의 눈물은 눈시울을 뜨겁게 만들었다.

평생 자신의 인생도 꿈도 버리고 오직 가족의 행복을 위하고 가장이기에 감당해야 하는 삶의 무거운 멍에를 짊어지고 생사의 현장을 넘나들었던 주인공의 인생이 바로 오늘을 있게 한 우리들의 할아버지들 세대요. 또한 나의 아버지 세대임이 그대로 그려진다.

한동안 '국제시장'의 감동이 나의 가슴에 울림이 되어 남아 있을 것 같다.

# 인생에 대한 정답을 내려라

"인생이란 무엇입니까?"

인생에 대해 한마디로 정답을 해 주는 사람이 그다지 많지 않다. 당장 하루하루 먹고 살기도 급한데 그런 생각할 시간이 있느냐고 한다.

그럼에도 불구하고 인생에 대해 정답을 내리고 사는 사람들이 있다. 그리고 그들은 자신이 내린 답대로 산다. 인생에 대해 내린 자신의 정답이 그러한 인생으로 이끄는 것이다.

"인생이란 자기 앞에 놓여 있는 사다리를 오르는 것이다."

콤포트 슈즈 업계의 1위 업체인 안토니의 김원길 대표가 스무 살 때 내린 인생에 대한 정답이다. 그가 내린 인생의 정답은 사다리를 오르는 것이다. 직업을 선택하거나 돈을 벌거나 명예를 얻는 것 등 인생의 모든 과정이 사다리를 올라가는 과정이었다. 그리고 그는 사다리를 올라간다는 생각으로 살았다.

올라가기 싫으면 올라가지 않아도 되지만 자신이 원하는 인생을 살기 위해서는 자기 앞에 놓인 사다리를 올라가야 했다. 혼신을 다해 사다리를 오르고 오르면 인생에서 성공한다고 생각했다. 그의 인생에 대한 정답은 자신을 이끄는 추진력이 되었다.

연탄가스 중독 사고를 당해도 회사에 출근했다. 하루라도 사다리를 오르지 않으면 성공한 인생이 될 수 없었기 때문이다. 결국 그의 성공 비결은 자신의 인생에 대한 정답을 내리고, 그 정답대로 실천한 데 있다.

'인생이란 무엇입니까?'라는 질문에 명확하게 답하는 사람은 하루도 허투루 낭비하지 않는다.

어떻게 살아야 하는지 잘 알기 때문이다.

어떤 인생이 바른 인생인지 알기 때문이다.

'인생이란 무엇입니까?'는 질문에 제대로 답을 못하는 사람은 하루하루를 갈팡질팡하며 보낸다.

어떻게 살아야 하는지 모르기 때문이다.

어떤 인생이 바른 인생인지 모르기 때문이다.

하루하루 먹고 살기에 급급하기보다 인생에 대한 정답을 내리는 것이 먼저이다.

매일 허둥지둥 바쁘게 사는 것보다

자신이 정답 내린 인생대로 사는 것이 성공적인 인생을 만드는 비결이기 때문이다.

"인생이란 무엇입니까?"

내가 원하는 인생이 무엇이냐는 물음이다.

내가 어떻게 하루를 살겠느냐는 물음이다.

그 물음에 답하는 대로 내 인생이 달라진다.

나는 글을 쓰면서 인생의 정답을 찾고 알아가고 있다. 그리고 앞으로는 추진력이 있는 사람이 성공하는 시대가 올 것이라고 생각한다.

말하는 것보다 더 중요한 경청하는 인생. 나는 그것이 인생에 정답이 아닐까 싶다. 다른 분들께도 권유해 드리고 싶다.

# 걸림돌과 디딤돌

살다보면 앞으로 가고 싶은데 급한 내 발목을 잡아 넘어지게 하는 장벽이나 걸림돌이 존재한다.

화살을 더 멀리 보내기 위해서는 활을 뒤로 최대한 당겨야 한다. 내가 뒤로 당긴 길이만큼 활은 앞으로 더 멀리 날아간다.

마치 개구리가 더 멀리 뛰기 위해 뒷다리를 최대한 굽혔다 피는 것처럼 더 멀리 높이 날아가기 위해서는 더 힘든 과정을 스스로 체험하면서 최대한 뒤로 힘을 비축했다가 결정적인 기회가 다가왔을 때 단칼에 필살기를 던지는 승부수를 던져야 한다.

어떤 일을 추진하다 만나는 각종 장애물이나 걸림돌 그 돌에 걸려 넘어지고 자빠지면서 겪는 어려움은 모두가 다 앞으로 더 멀리 오랫동안 전진하기 위한 내공연마의 시련과 역경의 체험시간이다.

역경을 뒤집으면 경력이 되지 않는가.

아름다운 경력은 거저 탄생되지 않는다. 이전보다 혹독한 시련과 역경의 강도가 높을수록 더 빛나는 경력의 아름다운 꽃이 필 수 있다.

국내공항과 국제공항의 차이는 활주로의 넓이와 깊이의 차이다. 비행기가 더 멀리 그리고 높이 날기 위해서는 그만큼 더 넓고 긴 활주로가 필요하다.

사람도 마찬가지다.

일상을 뛰어넘어 비상하기 위해서는 비상한 상상력으로 무장하고 일상의 경계를 뛰어넘는 상상이 필요하다.

될 듯 말 듯한 우리네 로또인생.

기다리고 기다리다 보면 또 걸림돌 그러다 보면 언젠가는 디딤돌이 될 것 같다.

나는 하루하루를 걸림돌이라고 생각하지만 행동만큼은 디딤돌처럼 묵묵히 걸어가고 있다. 버텨라!

행 복 한
동     행

# 돈의 노예가 되지 말자!

나는 20대 중반에 주변 지인들에게 어떻게 하면 돈을 많이 벌 수 있는지를 물었다.

내 말에 지인들은 "그럼 어떤 직업을 가지면 돈을 많이 벌 수 있을까?"라고 묻는다.

요즘 젊은이들은 군대를 다녀와서, 어떤 직업을 가져야 장래성이 있는지 많은 고민을 한다.

편의점에서 아르바이트로 뼈 빠지게 고생을 해 봐야 시간당 5천 원 남짓 받는다. 대학교를 다니며 아르바이트를 하더라도 한 달에 고작 손에 쥐는 것은 고작 30~40만 원 남짓이다. 그 돈을 가지고는 대학교의 등록금은 고사하고 갈수록 빚이 늘어 졸업할 때쯤이면 그 돈을 갚을 방법이 없다.

나도 청춘의 시절,

저는 이 돈 때문에 많은 좌절을 느껴봤습니다!

좋은 사업으로 성공하여 돈을 많이 벌고 싶었다. 그런데 좋은 사업으로 돈을 벌려고 하면 할수록 돈이라는 놈이 나에게서 도망가는 것이었다.

그래서 돈을 벌기 위해서 정도가 아닌 편법을 쓰게 되었는데 그렇게 하니 사업도 아니고 장사꾼도 아닌 사기꾼 비슷한 사람이 되고 말았다.

'내가 태권도장을 하면서 살 수 있는 가장 이상적인 삶은 무엇인가?'에 대해서 몇 년을 두고 생각해 본 적이 있었다. 그래서 '태권도를 아주 오랫동안 하면서 많은 제자들에게 태권도를 지도하는 것이다.'라는 결론을 내렸다. 태권도는 학생들에게 지도하는 것이 다른 직업보다 훨씬 행복하다고 생각했기 때문이다.

직장을 마치고, 학교수업을 마치고, 도장에서 땀을 흘리며 즐거워하는 그들의 모습을 보면 내가 태권도 관장이 되길 잘했다는 생각을 하루에 열두 번도 더 하게 된다.

만약 태권도장을 걷어치우고 술장사를 차리면 큰 부자가 될 수 있다고 한다면 나는 어떻게 할 것인가에 대해 자문을 해 보았다.

지금 나는 태권도로 큰돈을 벌 수 없지만, 내가 좋아하는 것을 하고 있기 때문에 부자가 되지 못할지언정, 지나온 과거와 현재를 생각하면 행복했었고, 미래에도 행복할 것이라 확신한다.

나는 지금 '내가 하고 싶은 것'을 하고 있기 때문이다.

여러분이 행복해지고 싶다면 가장 하고 싶은 것을 하면 되는 것이고, 자신이 가장 잘하는 것을 하면 그것이 최선의 선택일 것이다.


행 복 한
동     행

# 사람답게 행동하라

"영국인답게 행동하라(Be British)."

1912년 4월 빙산에 부딪혀 침몰한 타이타닉호의 선장이 남긴 마지막 말이다. 비록 1,513명이라는 최악의 희생자를 냈지만 끝까지 배에 남아 승객을 구하려고 한 타이타닉호의 에드워드 스미스 선장은 명예를 지킨 사람으로 길이 남았다.

그로부터 꼭 102년이 지난 한국에서는 침몰하는 배에서 선장이 가장 먼저 도망쳤다. 수많은 승객들을 죽음의 바다에 빠트리고 자신만 살겠다고 도망친 세월호의 선장은 명예를 헌신짝처럼 버린 사람으로 남게 되었다.

　제나라의 경공이 정치에 대해 물었을 때 공자는 '군군신신 부부자자'라 했다. 임금은 임금답게, 신하는 신하답게, 아버지는 아버지답게, 아들은 아들답게 자신의 신분에 맞게 지켜야 할 도리를 다해야 올바른 정치가 된다고 한 것이다.

　그런데 우리는 '사람답지 않게' 행동한다.

　이익이 있을 때는 '사람답게' 누리려고 하면서 위험이 닥치면 '사람답지 않게' 도망친다. 사람답게 살라고 말하면서도 사람답지 않게 행동한다. 그 결과 재앙을 맞는다.

　'사람답게' 행동해야 한다. 맡은 위치에 마땅한 행동을 해야 한다.

　선장은 선장답게 배와 승객을 지켜야 하고 선원은 선원답게 맡은 역할에 충실해야 한다. 어떠한 상황에서도 '사람답게' 행동하는 것, 자신을 잃지 않는 위대한 일이다.

　배가 침몰하는 순간에도 타이타닉호 선장은 선장답게 행동함으로

# 미안합니다
# 잊지 않겠습니다

세월호 침몰 사고 희생자를 추모합니다

행 복 한
동　　행

써 영국인으로서의 명예와 자존심을 지켰다.

하지만 세월호 선장은 선장답지 않게 행동함으로써 한국인으로서의 명예와 자존심마저 잃어버렸다.

나는 나답게 행동하는지 살펴본다. 나의 위치에 맞게 역할에 충실하게 행동하고 있는지 돌이켜본다.

한국인답게 행동하고 있는지….

사람답게 행동하고 있는지….

나답게 행동하고 있는지….

세월호 참사 1주기를 맞아 이 글을 써 본다.

# 행복한 동행, 우리가 꿈꾸는 세상

돼지는 하늘을 올려다볼 수 없다. 목이 땅을 향하고 있어 기껏 높이 들어봤자 45°밖에 들 수 없기 때문이다. 그래서 돼지는 자의로는 하늘을 올려다볼 수 없다고 한다. 그런 돼지가 하늘을 볼 수 있을 때가 있다. 바로 '넘어졌을 때'이다.

우리 삶에도 때론 넘어지는 순간이 찾아온다.

하지만 넘어진다는 건 다 이유가 있다. 넘어져야 하늘을 볼 수 있기

행 복 한

동　　행

때문이다. 아파 봐야 자기의 건강도 살피게 된다. 실수하고 부끄러운 상황에 닥쳐봐야 겸손을 배운다.

가정에도 문제가 생김으로 상담도 하고 남의 말도 들을 수 있게 된다. 넘어지는 것을 두려워하지 않게 된다.

나의 모습이 때론 돼지를 닮아 물질에, 권력에, 사람에 눈이 멀어 그것만을 찾아 고개를 파묻고 땅만 파헤치고 있지는 않나 반성해 본다. 주변 사람들도 나를 그렇게 보고 있을 수도 있다. 다 이해하고 공감한다.

나는 다른 분들과 조금 다른 차이와 가치관을 특별히 가지고 있다. 그리고 성공에 목마른 사람이다.

성공과 열정에 대한 생각은 누구나 할 수 있지만 그것을 실천하고 행동하는 사람은 흔하지 않다.

나와 같은 행동을 하는 사람이 있다는 건 이 대한민국에서는 경제 살리는 데 큰 보탬이 된다고 통계자료에 보도되었다고 한다. 그래서 더욱더 노력하고 싶다.

대부분 일과 성공에 90%의 인생을 바친다. 그래서 가정에 소홀하다고 생각하시는 분들이 많다고 생각한다. 보이는 것이 다가 아니다. 이것은 변명이나 핑계가 아니다. 그 사람이 처해진 상황과 환경을 이해하고 체험하면 그럴 수 있겠구나 하는 생각이 들기 때문이다.

말은 할 수 있다. 하지만 직접 경험해보지 못하면 '그 사람이 저렇게까지 할 수 있구나.' 또는 '저 사람은 좀 오버하잖아?' 이런 말을 쉽게 하지 못하는 것이 우리네 인생이다.

그럼에도 불구하고 우리가 추구하는 목표가 무엇인가? 자식을 위

해서 열심히 각자 자리에서 지치지 않고 열심히들 살고 계실 것이다. 나의 생각과 언행일치가 살아가면서 정답은 아니지만 과정은 다들 다르지만 결국 마지막 열차는 행복한 동행이 아닌가 싶다.

행복한 동행은 나의 목표이다. 나는 사람과 사람을 만날 때 제일 먼저 인성과 가치관을 높이 평가한다. 그래서 나의 눈높이는 청학동 훈장선생님보다 더 까칠하다. 그래서 원칙과 규칙을 매우 중요시한다.

다만 배우고자 깨닫고자 하는 사람들에게는 내가 알고 있는 모든 노하우를 전수해 주고픈 전도사가 되고 싶다.

이제는 디딤돌을 딛고 누릴 때도 됐는데 말이다.

# 내려놓자!

잡아야 잘사는 것이라 배운다.
그래서 늘 잡으려고 한다.
기회를 잡으려 하고,
사람을 잡으려 하고,
재물을 잡으려 하고,
권력을 잡으려 하고,
명예를 잡으려 한다.

그런데 잡는 것만 배우지,
놓는 것을 배우지 않는다.
오히려 놓지 말라고 배운다.
절대 포기하지 말라고 배운다.
중도에 그만두지 말라고 배운다.
잡은 것을 꽉 움켜쥐고 놓지 않아야
성공이고, 행복이라 배운다.

그러니 놓을 줄을 모른다.
놓으면 불안하고 두렵기만 하다.
성공도, 행복도 놓칠 것만 같다.
그래서 놓아야 할 때 놓지 못하고,
버려야 할 때 버리지 못한 채
집착하며 괴로워한다.

놓아야 할 때가 있다.
들어 올린 역기가 무거울 때
얼른 내려놓는 역도선수들처럼
삶에서도 놓아야 할 때가 있다.
한겨울이 다가올 때
나뭇잎을 떨어뜨려 겨울을 나는 나무처럼
우리에게서 놓아야 할 때가 있다.

무거운 역기를 내려놓은 역도선수들은
다시 힘을 내서 역기를 들어 올릴 수 있고,
화려한 단풍을 떨어뜨려낸 나무들에게서
다시 푸릇푸릇한 새잎들이 자라나듯
놓아야 할 때 놓을 줄 아는 사람은
새롭게 태어날 수 있을 것이다.

어제를 놓아야 오늘을 만나듯

행 복 한
동      행

놓아야 할 때 놓을 줄 아는 지혜로
새로운 나로 태어났으면 한다.

　나는 펜을 놓지 못해서 글을 쓰지만 나의 글이 꼭 필요한 사람들에
게 감동을 전하는 따뜻한 심장이 되기를 바란다.

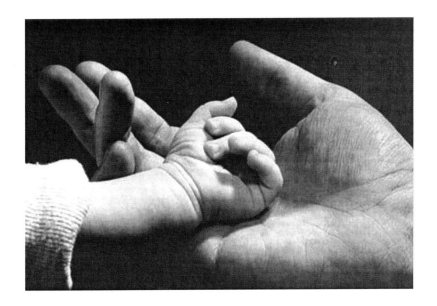

# 방황하는 칼날

영화가 중반부를 넘어 후반부로 가면서 정말 많은 생각을 하게 되었다. 이 영화의 초점은 딸을 잃어버린 버린 아버지의 살인행각이 아니라 범죄를 저지르는 10대의 행동양식과 사회적 편견 그리고 분노를 자아내는 이 시대의 괴물들을 만들어내는 부모들의 모습에서 슬픔이 마음속을 헤집어 놓는다.

영화를 보면서 매주 한 번 이상 발생하는 제자들의 문제와 그 제자들을 끼고 도는 부모님들과의 분쟁 그리고 그 속에서 조금이라도 나은 방향을 제시하려고 노력하는 나의 하소연에 귀를 막고 도리질을 하는 학부모님들의 모습에서 이 영화는 많은 부분 매칭되기에 영화가 제시하는 근본적 문제점에 더욱 소름이 끼쳤는지 모른다.

'부모는 자식이 죽으면 가슴에 묻는다.'는 말이 있듯이 부모에게서 자식은 가장 소중한 존재이고 전부일 것이다. 그런 의미에서 영화 속 이성민 씨가 한 말 "자식 죽은 부모에게 남은 인생이 어디 있어?"라는 말 또한 가슴에 남는다.

하지만 그렇게 소중한 피 붙이가 잘못된 길로 가는 것을 바로 잡을 수 있어야 하지만 부모의 책임과 역할을 다하고 있는 것이 아닐까?

아이의 미묘한 잘못에는 "그걸 가지고 우리 아이를 혼내신 거예요?"라고 하고 누가 봐도 큰 잘못을 하면 "우리 아이 기죽게 관장님이 왜 혼을 내세요?"라고 한다. 인성교육을 잘 시키겠다고 도장에 아이들을 보내면서 정작 바른 인성교육도 하지 못하게 하는 부모들이 이 영화를 보게 된다면 무엇을 느낄까?

이 영화에서 딸을 잃은 아버지의 분노만을 보기보다 범죄를 일으킨 10대들과 그 부모까지 포함하여 넓은 시각으로 보아야 할 것이다.

학교폭력을 다룬 SBS '학교의 눈물'에서 천종호 판사님이 죄를 지은 아이를 나무라자 가해자 어머니가 '그게 안 좋은 행동인지도 모르고 우리 아이가 잘못했어요.'라는 말을 하자 천종호 판사님은 이런 말을 한다.

"모른다는 게 말이 안 돼요. 모르긴 왜 몰라요, 다 알지! 다 아는데 왜 그렇게 해야 하는지 그게 지금 사건의 핵심이에요. 학교폭력 문제를 해결하는 데 핵심이라고요! 그런 식으로 나오면 이 아이, 나쁜 친구 만나면 또 그렇게 휩쓸립니다!"

그러자 어머니가 이야기한다.

"제가 잘못 가르쳐서 그런 것 같습니다."

우리는 아이들도 부모들도 가치관이 흔들리는 세상에서 아이들을 지도하고 있다. 이 흔들림에 우리가 해야 할 일을 포기하거나 눈을 감아 버린다면 우리의 존재의 의미가 흔들리는 것이라 생각한다.

　더 많은 사랑으로 더 많은 애정으로 그리고 더 엄하고 무섭게 아이들을 지도해 가는 그런 교육이 되기를 희망해 본다.

행　복　한
동　　　행

# 원수를 갚는 일은
# 하늘에 맡겨라

영화 '방황하는 칼날'을 봤다.

성폭행을 당하며 죽어가는 딸의 동영상을 본 아버지가 범인들을 직접 단죄하는 내용이다. 법이 사람의 감정을 제대로 반영하지 못하는 현실을 보여주는 영화 같아 조금은 불편한 마음이었다.

영화는 우리에게 묻는다.

도저히 용서할 수 없는 원수가 있을 때, 세상의 법으로는 그 원수를 제대로 갚을 수 없을 때, 당신이라면 어떻게 행동할 것인지 말이다. 끝까지 원수들을 쫓아서 직접 복수할 것인지, 그래도 법에 맡기고 참을 것인지를….

딸을 잃은 아버지의 입장에서 보면 나도 똑같이 행동했을 것이라는 생각이 든다. 그런데 법을 지켜야 하는 경찰의 입장에서 보면 그래도 살인은 잘못된 것이라는 생각이 든다.

범죄자이지만 주검으로 돌아온 아이의 부모 입장에서 보면 죄가 있다고 아이를 죽여야 했냐고 하소연하고 싶을 것이다. 경찰보다는 또래 친구들의 보복이 더 무서운 아이의 입장에서 보면 누군가 그 친구를 대신 죽여주기를 기대했을 것이다.

원수를 용서하기란 쉽지 않다. 하지만 원수를 갚는 것은 더 어렵다.

용서를 하면 원한이 더 이상 이어지지 않지만, 원수를 갚으면 새로운 원한이 이어지기 때문이다. 원수를 갚기 시작하면 피해자가 피의자가 되고, 피의자가 피해자가 되기 때문이다.

너희가 친히 원수를 갚지 말고 하나님의 진노하심에 맡기라.

—롬 12:19—

영화 '방황하는 칼날'의 질문에 성경이 답한다. 원수를 직접 갚지 말고 하나님께 맡기라고 말이다.

원수를 용서하는 일은 사람의 일이지만 원수를 갚는 일은 사람의 일이 아니다.

선으로 악을 이기는 일은 사람의 일이지만 악으로 악을 이기는 일은 사람의 일이 아니다.

천벌은 하늘의 일이지, 사람의 일이 아닌 것이다.

사람의 일이 아닌 것은 하늘에 맡기고, 사람의 일에 충실해야 하겠다.

선으로 악을 이기는 일에, 원수를 용서하는 일에.

하늘도 분명 하늘의 일에 충실할 것을 믿으며….

행 복 한
동      행

# 감정의 물병

감정의 물병이 넘칠 때마다 받아들이는 것이 틀리고 다르다.

종이컵에 가득 찬 물을 실험해 보았다.

과연 여기에 클립이 몇 개 들어가는지, 여러분들에게 질문을 던져본다.

감정의 물병은 환경과 유전에 의해서 길들여진다. 감정의 물병을 잘 조절하는 것은 전문가의 도움과 자기 자신의 의지력에 달려있다. 또한 감정의 물병을 적절히 사용하는 사람들은 심리학 박사나 감정을

다스릴 수 있는 전문가이다.

그렇다고 해서 내가 감정을 다스리는 전문가라는 것은 아니다.

이런 감정을 다스리는 것은 오랜 시간에 걸친 훈련과 경험에서 나온다.

버럭 화를 내는 사람은 성격이 급한 유형이다.

'한 성질 한다.'는 이런 유형의 사람은 시간이 지나면 내가 좀 심했지, 좀 적당히 할 걸 그랬나 하고 후회한다.

주변에 이런 사람들 많이 보곤 한다.

'○○을 하지 말 걸.' 대부분의 사람들은 살면서 이런 후회를 하게 된다.

감정의 물병을 비우는 연습이 필요하다.

내 상식으론 도저히 이해할 수 없다, 혹은 내 생각으로는 도저히 참을 수도 없다. 이렇게 자기 주관적인 생각에서 또한 자기 기준에서 말을 내뱉는다.

그 이면에 무엇이 의도되었는지를 알면 감정의 물병을 조절하는 것을 아주 지혜롭게 할 수 있다.

곰이 똥을 쌌다. 토끼가 곰의 똥을 자신의 몸에 묻혔다. 토끼가 "곰아 어때?"라고 묻자 곰은 "응, 괜찮아."라고 했다. 반대로 토끼가 똥을 쌌다. 이번에는 곰이 토끼의 똥을 자신의 몸에 묻혔다. 곰이 "토끼야 어때?"라고 묻자 토끼는 "기분 나빠!"라고 했다.

똑같은 말이라도 다른 사람은 그냥 넘어가는 사람이 있지만 다른 한편으론 참지도 못하고 자기감정대로 표출해서 주변 사람들까지 힘들게 한다.


행 복 한
동 행

이런 힘든 자기감정 컨트롤을 잘하는 사람들은 아침에 일찍 일어나고 운동을 규칙적으로 하는 사람으로 증명되고 있다.

주변에 이런 사람이 있는지 살펴보길 바란다.

내적 컨트롤과 외적 컨트롤 감정의 물병을 비우는 연습, 오늘부터 시작하면 어떨까?

감정의 물병은 어떻게 하면 쉽게 비울 수가 있을까?

나는 이런 감정의 물병을 고난과 실패로 넘치게 하기도 하고 적당하게 비우기도 많이 했다. 하지만 연습하지 않고 훈련하지 않으면 또 다른 감정의 물병 스트레스가 넘쳐서 비우지 못할 때가 있다.

사람의 감정이 참 묘하다.

예전엔 나 역시 감정의 물병을 비우기 위해 이렇게 다양하게 해 보았다. 술과 여행, 운동, 먹는 것, 잠자기로 비웠다. 하지만 감정의 물병은 더 채워지곤 했다.

제일 좋은 감정의 물병 비우기 방법은 무엇일까? 그렇다. 뭐니 뭐니 해도 '대화'이다.

대화의 가장 기본은 상황, 사건, 결과이다.

그 이면의 의도가 무엇인지 상대를 배려하는 감정의 물병도 필요하다.

그리고 대화를 이끌 수 있는 가장 강력한 힘은 바로 경청이다.

공자는 말하는 걸 배우는 데는 3년이 걸리고 듣는 것은 60년이 걸린다고 말했다.

이처럼 경청은 곧 스킬이다.

문득 예전 심리학을 공부했을 때를 회상해 본다.

# 삶이란?

행복하지 않는 것을 불행하다고 말한다.

그렇다면 과연 행복한 삶이란 무엇을 말하는 것일까?

물론 그것을 완벽하게 정의내리기는 참으로 어렵다.

어떤 이는 돈이 많은 것을 최우선으로 한다. 남들이 나를 인정해주는 것이 최고라고 한다. 모든 일이 뜻대로 되는 상태를 말하기도 한다. 가족이 건강한 것이라고도 한다.

그 기준은 각자가 지향하고 있는 신념에 따라 달라진다. 사실 내가 생각하는 행복한 삶이란 만족한 상태이다. 우리가 불행해지는 결정적인 이유는 무언가가 불만족스럽다는 것이다.

"나는 이래서 안 돼."

"왜 나는 지지리 복도 없는 거야."

"내 팔자는 원래부터 재수가 없었어."

행 복 한
동 행

"뭘 해도 나는 잘할 수가 없어."

"이것은 모두 부모, 환경, 사회, ○○ 탓이야."

"내 친구 ○○○이 너무 부럽다."

"남들은 잘만 사는데 도대체 나는 왜 이럴까?"

"삶은 고통일 뿐이야… 결코 즐거울 수가 없어."

나에게도 충분히 감사해야 할 것들이 무수히 많은데 그것을 보지 못한다.

물론 사람은 아래보다 위를 보면서 따라가려고 하는 욕심이 존재한다. 그러다 보니 감사의 마음보다는 자꾸 불만족스러운 내가 보일 뿐이다.

불행한 사람의 특징은 '만족하지 않는 삶'을 산다는 것이다. 이 마음은 아무리 많은 것을 얻고 이루었다고 할지라도 결국 고통이 된다. 그 욕심을 채우려고 해도 영원히 채워지지 않기 때문이다.

논 1마지기를 가진 사람보다 99마지기를 가진 사람이 나머지 1마지기를 빼앗기 위해서 고군분투를 한다. 99마지기를 가진 사람이 오히려 더 괴롭고 고통스러운 삶을 살아가는 경우가 많기도 하다. 1마지기를 가진 사람은 그것에 만족하면서 오늘 하루 최선을 다하지만, 99마지기를 가진 사람은 나머지 하나를 얻기 위해서 노심초사하게 된다. 그것을 채우고 나서 또다시 200, 1000, 10000을 향해서 달려가게 된다. 이 사람의 삶에는 만족이라는 것이 없기 때문에 불행할 수밖에 없다. 자기 인생이나 삶이 없어지고 오로지 물질의 노예처럼 끌려가기 마련이다.

우리는 내일을 위해서 사는 것이 아닌, 오늘을 위한 삶을 살아간다.

마치 10년 후, 20년 후, 행복을 꿈꾸고 살아가는 것 같지만 만약 그 순간이 찾아오지 않는다면 지난 세월이 얼마나 허무할까?

자식이 부모에게 효도를 하려는 순간 부모는 존재하지 않는다고 한다. 나중에 아무리 통곡하고 반성을 해도 아무런 의미가 없어진다.

우리가 살아가야 할 세상도 이와 같을 것이다.

행복이라는 것은 지금 이 순간 오늘만 존재할 뿐이다.

마치 영원히 살아갈 것처럼 생각하지만 삶은 유한하다. 시간이 아주 많은 것 같지만 나이가 들수록 점점 속도는 빨라지게 될 것이다.

나중도 없고 내일도 없을 뿐, 열심히 일하는 것도 좋고, 목표를 달성하는 것도 좋고, 돈을 많이 벌어서 성공하는 것도 아주 좋다.

그러나 그런 삶의 과정 속에서 자신에 대한 즐거움이 빠져버린다면 나중에는 그것조차 무의미함을 경험하기도 한다.

그때 이런 말을 한다.

"내가 인생을 헛살았구나."

"나는 누구를 위해서 살았는가?"

"내 자신을 챙겨주지 못했구나."

"행복한 순간이 그리 많지 않구나…."

"진정으로 원했던 삶은 이것이 아니었는데…."

불행한 사람들의 특징은 현재를 살지 않는다는 것이다.

과거의 후회 속에서 고통을 받고 미래의 자신을 불안하게 여기게 된다.

현재의 삶에 충실하지 못하면 그것은 결국 후회되는 과거가 되고, 그러한 과거가 쌓이면서 당연히 미래자체가 어두워져 보일 뿐이다.

내가 왜 불행한지를 고민하는 것도 좋지만, 어떻게 하면 행복하게 살아갈 것인가에 대해서 진지하게 알아봐야 한다.

그런 능동적인 상태에서 자신의 직장을 찾고, 사람을 찾고, 취미를 찾고, 잘하는 일을 찾고, 미래를 꿈꾸고 살아간다면 안정적인 자기인생을 살아가게 될 것이다.

현재 내 삶은 너무나 바쁘다. 돈이 전부가 아닌데, 가족을 위해 소중한 시간을 만들어야 하는데…. 이럴 때 난 분신술을 쓰는 손오공이 되고 싶다.

인생이란 무엇인가?

답하기 어려운 질문 중 하나이다.

사람마다 인생에 대한 정의가 다양한데 그것은 사람마다 인생에 대한 생각이 다르고 살아온 환경이 모두 다르기 때문이다.

나 역시 책도 많이 읽어 보고 고민도 많이 해 보았지만 아직까지 인생이란 무엇인가에 대해 뚜렷하게 정의를 내리지 못했다.

그러나 이 세상에 온 이상 즐겁고 행복하게 살아야 성공한 인생일듯하며 그렇게 살려면 생각을 바꾸어야 한다.

재산이 많다고 명예나 지위가 높다고 행복한 것은 절대 아니며 그로 인한 행복감은 일시적일 뿐이라고 분명히 말할 수 있다. 평생 돈만 모으다가 결국은 몸은 병들고 모아둔 돈은 써보지도 못하고 인생을 하직하는 분들을 주위에서 많이 보며 인생은 아무도 예측할 수 없고 자기 마음대로 되지가 않는다는 진리를 다시 한 번 깨닫는다.

조금 심하게 말해서 나쁘게 생각하면 태어난 것 자체가 불행일 수도 있으며 인생은 그냥 죽기 싫어서 사는 것일지도 모른다.

어쨌든 오묘한 인생의 정답은 모르지만 오늘 하루만이라도 근심걱정 모두 털어버리고 편안하고 즐겁고 행복한 인생을 사시기 바란다.

# 내 인생이
# 나를 기다린다

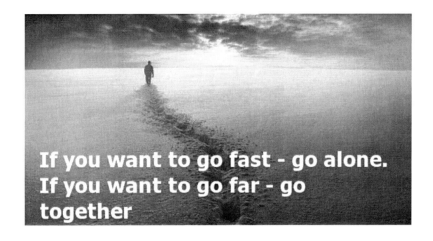

옛 친구들을 만나면 지나간 세월만큼 변한 모습을 많이 본다. 예전보다 좋은 모습으로 변해있는 친구가 있는 반면, 아주 초라한 모습으로 변한 친구도 있다.

그들이 살아온 이야기들을 듣다 보니 그들의 삶이 변한 이유를 짐작하게 된다.

스스로 자신을 바꾸면서 살아온 친구와 어쩔 수 없이 바뀌면서 살아

행 복 한
동        행

온 친구의 차이이다.

스스로 자신을 바꾼 친구는 인생이 바뀌길 기다리지 않았고, 어쩔 수 없이 자신이 바뀐 친구는 인생이 바뀌길 기다리며 살았다.

스스로 자신을 바꾼 친구는 고통스러운 일을 찾아 이겨냈고, 어쩔 수 없이 자신이 바뀐 친구는 작은 고통도 피하려다 당했다.

스스로 자신을 바꾼 친구는 자신의 인생을 원하는 인생으로 바꿨고, 어쩔 수 없이 자신이 바뀐 친구는 원하지 않던 인생이 자신의 인생을 바꿨다.

내가 먼저 바꾸면서 살면 내가 원하는 인생으로 바꿀 수 있지만 인생이 먼저 바뀌길 기다리면서 살면 내가 원하지 않는 인생에게 끌려간다는 걸 나는 친구를 통하여 배운다.

내 인생이 나를 기다린다. 내가 먼저 변하면 좋은 인생이 반겨줄 것이고, 그러지 않으면 나쁜 인생이 나를 끌어갈 것이다. 나도 빨리 먼저 변해야 하겠다. 나쁜 인생에게 끌려가기 전에 말이다.

우리가 사는 일은 연애와 참 많이 닮았다.

우리가 사는 일에서 단 하루라도 잔잔한 날이 있던가. 흐드러지게 꽃이 피었다가 일순간 폭우가 내리고 폭설이 쏟아진다.

그런데 연애하듯 살아간다면 성공적인 삶이 아닐까?

아무런 느낌 없이 무미건조하게 살아가는 것보다 슬프고, 기쁘고, 감탄하고, 감동하고, 외롭고, 슬프고… 그게 진짜 사는 게 아닐까?

지금도 감정이 시소를 타고, 희망에 찼다가 절망에 찼다가, 기쁨에 들떴다가 슬픔에 잠겼다가 하는가 ?그렇다면 당신은 지금 인생과 연애하는 중인지도 모른다.

# 내 인생의 짐

　몇 년 전 개그맨 이경규 씨가 '인생의 짐을 함부로 내려놓지 마라.' 는 강연을 해 큰 반향을 일으킨 적이 있다.

　나는 이 강연을 통해서 여태 내가 살아온 일들과 앞으로 살아갈 일들이 내가 감당해야 할 짐들이라고 다시 한 번 더 깨닫는 귀한 시간이었다.

　대학생들 앞에서 그는 지리산 등반 때 일화를 소개하면서 "지고 가는 배낭이 너무 무거워서 벗어버리고 싶었지만 참고 정상까지 올라가 배낭을 열어보니 먹을 것이 가득 했다."고 말했다.

　인생도 이와 다를 바 없다.

행 복 한
동 　 행

짐 없이 사는 사람은 없다.

사람은 누구나 이 세상에 태어나서 저마다 힘든 짐을 감당하다가 저 세상으로 간다.

생각해 보면 어느 한때 시리고 아픈 가슴 없이 살아본 적이 있었나 싶다. 기쁨과 즐거움의 햇살이 비치는가 하면 어느 한쪽 슬픔과 아픔의 그늘이 드리워져 있는 게 우리네 인생이다.

인생 자체가 짐이다.

가난도 짐이고, 부유도 짐이다.

질병도 짐이고, 건강도 짐이다.

책임도 짐이고, 권세도 짐이다.

헤어짐도 짐이고, 만남도 짐이다.

미움도 짐이고, 사랑도 짐이다.

살면서 부닥치는 일 중에서 짐 아닌 게 하나도 없다.

이럴 바엔 기꺼이 짐을 짊어지자.

다리가 휘청거리고 숨이 가쁠지라도 자신에게 주어진 짐이라면 지는 게 현명하다.

언젠가 짐을 풀 때가 되면 짐의 무게만큼 보람과 행복을 얻게 된다.

아프리카의 어느 원주민들은 물살이 센 강을 건널 때 무거운 큰 돌덩이를 짊어 진다고 한다. 급류에 휩쓸리지 않기 위해서이다. 무거운 짐이 자신을 살린다는 것을 깨우친 것이다. 헛바퀴가 도는 차에는 일부러 짐을 싣기도 한다.

그러고 보면 짐이 마냥 나쁜 것만은 아니다. 손쉽게 들거나 주머니에 넣을 수 있다면 그건 짐이 아니다.

짐을 한 번 져 보자.

자연스럽게 걸음걸이가 조심스러워진다.

절로 고개가 수그러지고 허리가 굽어진다.

자꾸 시선이 아래로 향한다.

그러고 보면 내 등의 짐은 내 자신에게 선물이고, 스승이고, 조련사이다.

# 김연아 경기를 해설하는
# 한국과 서양의 차이

같은 김연아 경기 해설인데 한국과 서양은 왜 이렇게 차이가 날까?
우리는 어유가 없어서 그렇지 않은가 싶다.

'김연아 경기를 해설하는 한국과 서양의 차이'라는 이름으로 올라온
내용을 소개한다.

한국    저 기술은 가산점을 받게 되어 있어요.

서양    나비죠? 그렇군요. 마치 꽃잎에 사뿐히 내려앉는 나비
       의 날갯짓이 느껴지네요.


한국    코너에서 착지자세가 불안정하면 감점 요인이 됩니다.

서양    은반 위를 쓰다듬으면서 코너로 날아오릅니다. 실크가
       하늘거리며 잔무늬를 경기장에 흩뿌리네요.


한국    저런 점프는 난이도가 높죠. 경쟁에서 유리합니다.

서양    제가 잘못 봤나요? 저 점프! 투명한 날개로 날아오릅니다.

천사입니까? 오늘 그녀는 하늘에서 내려와 이 경기장에서 길을 잃고 서성이고 있습니다. 감사할 따름이네요.

한국 경기를 완전히 지배했습니다. 금메달이네요! 금메달! 금메달!

서양 울어도 되나요? 정말이지 눈물이 나네요. 저는 오늘밤을 언제고 기억할 겁니다. 이 경기장에서 연아의 아름다운 몸짓을 바라본 저는 정말 행운아입니다. 감사합니다. 신이시여!

쓸쓸했다.
우리 한국인들은 너무 결과에만 집착하는 삶을 살고 있는 듯하다.
나 또한 얼마 전까지만 해도 그랬다.
책을 읽기 시작하고 마음공부를 하다 보니 삶의 본질에 대해 조금씩 깨닫게 되어간다.

# 왜 나는 쉽게
# 상처받을까?

주변 가까운 사람들의 말을 왜 그냥 흘려보내지 못할까?

성품이 좋은 사람들도 잘 조절하지 못하는 게 감정조절인 것 같다. 각자 기본적으로 깊은 상처가 있고 예민하다는 증거 아닐까? 내 마음 속 깊은 상처를 가지고 있기 때문에 잘 건드려지는 것 같다.

나는 취약한 존재이고 사람들은 나를 별로 좋아하지 않을 것이라는 생각을 기본적으로 많이 가지고 있는 사람은 조금만 부정적인 말을 해도 쉽게 상처를 받는다.

'나는 저 사람이 좋아하든 말든 다른 사람이 뭐라고 반응하든 상관

다른 사람들이 나에 대해 어떻게
생각할까 하는
생각이 많으면 많을수록
나의 행복은 줄어든다.
반대로 내가 무엇을 즐겁게
할수 있을까를 스스로
찾아서 하는 시간이 많을수록 행복해진다.

없어.'

'그건 저 사람 생각이고 내 생각은 달라.'

'저 사람은 나를 좋아하지 않을 수 있지만 나를 좋아하는 사람도 있어. 어떻게 다 나를 좋아할 수 있겠어? 내가 봐도 이상한 점이 많은데….'

이렇게 생각하고 가볍게 넘기는 사람은 내면에 상처가 없거나 작은 경우가 많다.

결국 마음속 내면에 깊이 가지고 있는 상처가 있기 때문에 쉽게 자극을 받는 것이다.

피부를 예로 들면 피부를 살짝 까졌다고 생각해 보면 평소에는 이렇게 건드려도 전혀 아프지 않은데 살짝만 까지면 스치기만 해도 너무 아프다. 내 마음도 스치기만 해도 아픈 부분이 있다는 것이다.

그런데 그런 그 부분을 자꾸 돌이켜 보고 그 부분에 대해서 내가 해결을 봐야 되는 경우가 많다.

만약 어렸을 때 가정환경으로 상처를 받았거나 부모님의 영향으로부터 말투나 행동이 부정적으로 자랐다면 대부분 자기 자신을 원망하면서 이렇게 말한다.

"내가 무슨 잘못이 있어서 이렇게 살고 있나…."

"내가 뭘 그렇게 대단히 잘못한 게 많은지…."

"다른 조건, 다른 상황이었으면 더 멋진 사람이 될 수도 있었는데…."

그렇다. 다만 그 조건이 좋지 않아서 그 순간에 상처를 입고 그래서 지금 좀 더 힘들어 하고 있는 것뿐인데 이제는 그 속에서 나와야 하는

데 말이다. 그때는 조건도 능력도 자력으로는 벗어날 수 없는 무방비 상태였으니까 어쩔 수 없었다.

상처 받는 부분을 유머러스하게 받아친다거나 아니면 모른 체하고 늘 하는 소리니까 하면서 저 사람은 그런 사람이구나 하고 인정하고 넘어간다면 상처를 조금이나마 줄일 수 있을 텐데 말이다.

이렇게 넘어가는 사람들은 내면에 상처가 없는 사람들이나 잘 이해하며 넘어간다.

그리고 사람들이 많이 힘들어 하는 것은 사랑받고 싶은데 사랑 받지 못한다는 거다.

남들에게 혹은 가족에게 인정받고 사랑받고 싶은 욕구가 참 많다.

근데 인정받고 사랑 받으려면 내 것을 자주 내줘야 한다.

내 줄 내 것이 별로 없는데다가 난 나름 내줬는데 상대는 계속 요구해서 너무 힘들어지는 경우가 많다.

그 사람에게는 모든 게 순간적인 욕심인데 말이다.

마음의 욕심, 눈의 욕심, 육체의 욕심… 다 내려놓아야 하는데 말이다.

경험으로 글을 쓰다 보니 두서도 없고 무조건 내 말이 다 맞다는 것도 아니다. 하지만 틀린 얘기는 아니니 참고 해서 지혜롭게 세상을 투명하게 바라보시길 바란다.

나 또한 이런 상처에 대한 글을 쓰다 보니 그 상처를 다시 글로 치료하고 있다.

# 우리가 자주
# 하는 흔한 말

머리 아프다.

가슴 아프다.

시어머니가 아프면 머리가 아프고 친정 엄마가 아프면 가슴이 아프다.

왜 아픈 부위가 다른 것일까? 같은 엄마지만 다른 엄마라서?

아픈 부위의 차이는 논리적 설명의 대상이 아니라 그냥 아픈 부위가 다르게 느껴질 뿐이다. 아픈 사람만이 그 이유를 알 수 있을 것이다.

하지만 설명하기 어렵다.

다만 느낄 뿐이다.

그래서 느낌은 설명을 거부하거나 설명으로 침입해오는 것을 방지하고 있는지도 모른다.

머리로 글을 쓰면 골 때리지만 가슴으로 글을 쓰면 마음이 아프거나 심장이 뛰고 감동적인 눈물을 불러온다.

행 복 한
동      행

차가운 이성도 중요하지만 따뜻한 가슴이 더 소중하다.

논리적 설명도 필요하지만 설명하기 이전에 감성적인 설득도 필요하다.

진정한 생각은 머리가 하는 것이 아니라 가슴이 한다는 사실, 가슴으로 하는 생각이야말로 따뜻한 사회를 만들어가는 지금 우리 모두에게 필요한 측은지심이 아닐까?

인생에는 많은 물음표가 있다.

그래서 머리 아프다, 가슴 아프다, 라는 말을 사람들은 자주 하는 것 같다.

설명하기 힘든 길, 그 길을 먼저 걸어간 사람이 있다는 것은 무척 힘이 되고 용기가 되며 그리고 많은 가르침이 된다.

하지만 자신만의 길을 가는 사람에게는 항상 외로움이 함께 하겠지만 후에 자신의 길을 따라오는 사람에게 앞에 사람처럼 힘과 용기 그리고 가르침을 줄 수 있을 것이다.

나는 골 때리는 글을 쓰지만 나의 글이 심장이 되어서 꼭 필요한 사람들에게 감동을 전하는 리더로 남고 싶다.

# 남 이야기는 스캔들,
# 내 이야기는 로맨스

우리 모두의 마음속에는 생각하고 판단하며 말하고 행동하는 것에 대한 두 가지로 구분되는 것 같다.

내가 주는 것은 넘치는 것 같고 남이 주는 것은 부족한 것 같다.

세익스피어는 "세상에 좋은 것과 나쁜 것이란 없다. 바라보는 사람의 판단만이 있을 뿐이다."라고 했다.

이것은 오직 관점의 문제로 어떻게 보고 생각하는가에 대한 것이다.

그 관점은 자신이 처한 환경에 따라 언제든 변할 수 있다.

예전에 나는 어떤 사물이나 상황을 얘기할 때 내 관점에서 생각하고 판단한 적이 많았다. 그 이유로 많은 다툼이 생기고 서로에게 좋지 않은 기억만 남기는 일도 많았다. 시간이 지나 많은 사람들과 소통하다 보니 서로에 대한 관점이 하나하나씩 알게 되었다. 더욱더 절실하게 느낀 건 내가 직접 아이들과 혹은 지방 세미나 강의를 하다 보니 나 스스로가 객관적인 시각보다는 주관적인 시각으로 세상을 보게 되었다.

나는 아이들을 가르치거나 혹은 리더십 교육을 할 때 초코파이 이야기를 자주 하는 편이다. 이를테면 다음과 같다.

여러분들이 한 끼를 굶었다고 가정합시다. 또 하루를 굶었다고 하고, 또 3일을 굶었다고 해 봅시다. 그런 뒤에 여러분들에게 초코파이를 보여 줍니다.

한 끼 굶었을 때 초코파이를 주면서 "이것이 뭔가요?"라고 물어보면 그냥 "초코파이입니다." 하고 대답할 것입니다. 하루 굶었을 때 초코파이를 보여 준다면 어떤 대답을 할까요? 또 3일째 굶었을 때 초코파이를 본다면 어떤 생각을 하게 될까요?

이 초코파이의 본질은 변하지 않았습니다.

그대로 초코파이이지요. 그런데 무엇이 다른가요?

바로 나 자신이 초코파이를 바라보는 관점에 차이가 생긴 것입니다.


위에서 셰익스피어가 한 말을 생각해 보자. 세상은 내가 보는 대로 움직이는 것이다. 우리는 누구나 객관적인 시각으로 세상을 보고 싶어 하지만 주관적으로 세상을 보게 된다. 그래서 남의 이야기는 스캔들이고 내 이야기는 로맨스가 되는 것이다. 그 때문에 사업가들은 6:4 분배를 공평한 분배라 하는지도 모르겠다.

남의 떡이 더 커 보이기 때문에 5:5로 나누면 손해 보는 느낌이 들기 쉬운 것이다.

똑똑한 사람들은 이때 상대방에게 조금 더 준다. 물론 이런 선택은 말처럼 쉽지 않다.

올바른 판단을 준비하기 위해서는 무엇보다 마음의 평화가 중요하다.

배가 고프지 않을 때 초코파이를 본다면 그만큼 객관적인 판단을 할 수 있듯이 말이다.

물론 마음이 편하다고 해서 무조건 옳은 판단을 할 수 있다는 말은
아니다.

　　조금이나마 오차를 줄일 수 있다는 것이다.

　　편견, 비방, 욕심, 오기, 비난, 비평, 비하를 멀리하고 마음의 평화
를 유지해야 올바른 판단을 사용할 수 있다.

　　나 또한 이러한 생각과 판단을 하기까지 수많은 사람들을 만나고 수
많은 상처와 깨달음을 통해서 얻은 지혜와 노하우를 조금 알려드렸다.


　　　생각의 씨를 뿌리면, 행동의 열매를 얻는다.

　　　행동의 씨를 뿌리면, 습관의 열매를 얻는다.

　　　습관의 씨를 뿌리면, 인격의 열매를 얻는다.

　　　인격의 씨를 뿌리면, 운명의 열매를 얻는다.

　　　－인디언 속담－

# 지금 땀 흘리지 않으면
# 성공을 거부하는 것이다

세상에 힘든 일을 좋아하는 사람은 없을 것 같다. 모두가 편하고 쉽게 가고 싶은 마음일 것이다. 그래서 많은 사람들은 자기 편한 본능에 끌려가기 쉽다. 여기서 주목할 만한 점은 편한 일을 좋아하는 사람 기준에서 힘든 일을 하는 사람은 사실 그 일이 힘들다고 느끼지 않는다는 것이다.

또한 그들 대부분은 왜 이렇게 힘들게 사느냐는 질문에 대부분 이렇게 대답한다.

"이 정도는 누구나 다하지 않나요?"

"이 정도는 아무것도 아닙니다."

그래서 힘든 일을 하는 사람은 분명 고되고 힘든 여정인데도 큰 역경이라 생각하지 않으며 쉽게 극복하는 것 같다.

나는 머나먼 항해를 하고 있다. 그 끝이 언제인지는 장담할 수 없지만 지금 하고 있는 것이 무엇이든 나의 능력에서 최대치로 할 수 있는 것보다 조금 더 하는 것이 성공으로 가는 길이 아닌가 싶다.

태권도 관장. 겉으로 보기에는 편하고 화려해 보이지만, 얼마나 많

은 시간을 집중하고, 공부하고, 연습하는지 안다면 나의 노력을 보지 않고 결과만 보는 사람들이 있을 것이다.

"쉬운 길은 갈수록 어려워지고, 어려운 길은 지나고 나면 쉬워진다."는 말이 있다.

남들이 가지 않는 길에 나는 꼭 원하는 것을 이루고 말 것이다.

힘들 때마다 포기하고 잠깐의 고통을 이기지 못해 성공의 고지를 눈앞에 놓칠 수는 없다.

"힘들지 않다면 성공으로 가는 길이 아니다."라는 말이 있다. 나는 이 말을 힘들 때마다 가슴에 새긴다.

행 복 한
동      행

주변 사람들은 저에게 "바쁘시네요."라며 "좀 쉬세요. 나이도 젊은데요." 하고 말하곤 한다.

모든 일을 시작할 때는 생소하고 어렵게 느껴진다. 자전거 배울 때 많이 넘어지고, 수영 배울 때 물을 많이 마시듯이 그러나, 그걸 참고 하다보면 익숙하게 할 수 있다. 성공의 과정도 똑같다.

성공은 결과가 아니라, 과정이다. 큰 건물이든 작은 건물이든 아무 계획도 없이 주먹구구로 올라 가지 않고 철저한 계획을 바탕으로 짓듯이, 성공도 생각을 하고 결단을 내리는 그 순간부터 이미 성공의 길로 접어들고 있는 것이다. 단지 시간이 흐름으로써 다듬어 가는 것뿐이다. 높은 산에 정상에 선 순간만 위대하게 보이는가? 아니면 그 험난한 과정을 헤치고 나가는 모습이 아름다워 보이던가? 정상은 단지 그 과정을 헤치고 온 결과로 받는 포상에 지나지 않는다.

구구단을 외우든, 알파벳을 외우든, 첨은 누구든지 다 서투르고 어색하고 힘들다. 순간순간은 힘들고 포기하고 싶지만 기어코 이루고 나면 너무 기쁘고 행복하지 않던가? 힘들었다는 생각도 그 순간에 까맣게 잊어버리는 것이다. 그래서 시련(과정)은 위장된 축복이라고 말하는 것이다.

이제는 말하고 싶다.

"내가 바쁘게 사는 건 지금 땀 흘리지 않으면 나중에 눈물을 흘리게 되기 때문입니다."

# 역지사지

　우리가 살아가는 세상엔 다른 사람을 함부로 비판하거나 비난하는 사람이 있는 것 같다.

　잘 모르고 그냥 좋은 점만 봐주면 되는데 이상하게도 꼭 상대방의 단점과 안 좋은 점만 먼저 보는 사람들의 심리는 무엇일까?

　그런 사람의 심리 가운데는 치유되지 못한 자신의 상처와 허물이 가슴 깊이 묻혀 있을 것이다. "남의 흉이 한 가지면 자기 흉은 열 가지"라는 말이 있다. 돌아서서 남의 흉과 욕을 담는 사람들, 결국 얻는 것 없이 자기 입만 더러워질 뿐이다.

　사람 사는 곳이라면 어디든지 남을 매도하는 사람들이 있나 보다.

그것도 아주 가까운 곳에 많다. 주변 또는 바로 앞에 있을 수도 있다.

인디언 속담 중에는 이런 말이 있다.

"그 사람의 신발을 신고 1마일을 걸어 보기 전까지는 그 사람은 비판하지 마라."

인디언이 사는 마을에만 그렇겠습니까?

우리도 그렇다. 어떤 일에 상황이 아무리 비슷해도 그 사람의 성격 그 사람의 살아온 분위기 그 사람의 마음이 나와는 절대로 같을 수는 없다. 이런 걸 받아 들이지 못하면 절대 이해할 수도 없다. 주변 가까이에 있는 사람들이 더 힘들게 할 때가 많다.

이 세상은 덮어 줘야 할 부끄러움이 훨씬 많다. 그 사람의 입장에서 먼저 생각해 본다면 오히려 감싸주고 싶은 생각이 들 것이다. 혀는 무서운 칼날이다.

한 번 뱉은 말은 다시 주워 담을 수도 없다.

입술에서 흘러나오는 남에 대한 허물과 비판은 곧 자신의 허물과 비판인 것을….

말은 돌고 돈다.

그 사람이 없는 곳에서는 칭찬을….

그 사람이 있는 자리에선 격려를….

얼마나 아름다운가.

결국은 내게로 다시 돌아오는 칭찬과 격려인 것을…. 지금 이 글을 읽고 있는 분들 중에 가까이 있는 분들이 더 말조심을 해야 하지 않을까 싶다.

우리는 참 많이 서툴다.

다른 사람에게 어떻게 다가가야 할지도 모를뿐더러 어떻게 친해질까 고민하고, 친해지고 나서는 왜 진정한 내 편은 없는 건지 의문을 갖는다.

너무나 지치고 외로운 날, 누구 만날 사람 없을까 하고 휴대전화의 전화번호 목록을 한참 들여다보다가 끝내 연락하지 못하고 내 인간관계가 이렇게 좁았던가 하는 한탄으로 마무리 한 적도 있을 것이다.

내가 생각한 만큼 진심으로 다가와주는 사람은 없고, 필요할 때에만 찾다가 다시 멀어지는 느낌. 사람 사이가 참으로 어렵기만 하다.

# 태권도장에서
# 일상생활을 하는 데
# 필요한 모든 것을 배웠다

예부터 전해오는 밥상머리교
육이 우리의 전통적인 인성교
육이었으나 이제는 핵가족화
된 후 치열한 경쟁사회가 되어
서 세 식구 한 가족이 두세 번
씩 나뉘어 식사하는 경우가 허
다하고 모처럼 한 가족이 모여
식사할 경우는 외식을 하게 되
니 밥상머리교육은 옛말이 되
었다.

사람이 사회생활을 해 나가는
데 기본이 되는 원칙을 주제로
로버트 폴건이 쓴『내가 정말 알
아야 할 모든 것은 유치원에서
배웠다』는 세계적인 베스트셀

러가 되었다. 우리나라에서도 2004년
에 출판되어 유치원 신드롬을 불러일으
키며 베스트셀러가 되었다.

정정당당히 겨루어라.

남을 때리지 마라.

물건을 사용하고 난 뒤에는 반드시
제자리에 놓아라.

자기가 어지른 것은 자기가 치워라.

모든 것을 나눠 가져라.

남의 것을 빼앗지 마라.

다른 사람에게 상처를 주었으면 용서
를 구하라.

식사하기 전에는 손을 씻어라.

균형 잡힌 생활을 해라.

매일 무언가를 조금씩 배우고 노래하
고 놀고 공부해라.

경이로움을 느껴라.

스티로폼 컵에 심은 씨앗을 보라. 거
기서도 뿌리를 내리고 식물이 자란다.

어떻게, 왜 그렇게 되는지 우리의 삶
도 그와 같다.

행 복 한

동 행

# 일본여행을 통해 세상을 품다

등태산소천하(登泰山小天下)!

태산에 오르니 천하가 작구나!

사람은 어디에 서서 세상을 보느냐에 따라 그 세상의 크기가 달라진다. 동네 뒷산에 올라가면 자기 동네밖에 눈에 안 들어오고, 높은 산에 올라가면 더 큰 안목으로 새로운 세상을 볼 수 있다.

그래서 "말은 나면 제주도로 보내고 사람은 서울로 보내라."는 속담이 있나 보다.

어디에서 살고 어디에서 보느냐에 따라 만나는 사람, 보는 눈, 생각하는 크기가 달라지기 때문일 것이다.

예로부터 좋은 선생님을 찾아 천 리를 멀다 않고 가는 것은 분명 이유가 있는 것이다.

바다를 본 사람에게 물에 대하여 이야기하는 것은 우스운 일이며, 내가 살고 있고, 보고 있는 세상을 벗어나 새로운 세계와 공간으로 떠나는 것은 모험이긴 하지만 더 큰 것을 보기위한 결단이다.

나는 일본여행을 통해서 많은 것을 느꼈고 많은 것을 배웠다.

그중 일본의 역사 그리고 그들의 인생관과 직업관은 남달랐다.

감탄사가 절로 나와 한참동안은 멍하게 쳐다보기도 했지만 그런 태도와 그런 생각을 할 수 있었다는 것에 나는 배울 수 있었고 느낄 수 있었기 때문에 무엇보다 나에게는 세상을 품을 수 있는 넓은 마음가짐을 얻을 수 있어 감사했다.

행 복 한
동       행

# 일본여행에서

여행 도중 유난히 눈에 띄는 것이 있었다.

머리가 아닌 마음으로 확 와 닿았다.

1945년 8월 9일 오전 11시 2분 나가사키에 한 발의 원자폭탄이 투하되었다.

나가사키 거리의 대부분이 파괴되었고, 많은 인명이 희생되었다. 간신히 살아남은 사람들도 몸과 마음에 커다란 상처를 받았으며, 많은 피폭자들이 아직도 고통을 받고 있다.

# 일본에게 배울 점
# 10가지

1. 지진이 많은 나라라 그런지 사고에 대한 대비가 철저하다.

조금의 지진이나 조금의 기상이변 등등의 사유가 생길 시 전차가 멈추고 사고 예방을 위해 조사를 하고 안전이 확인되면 전차를 운행한다. 그리고 버스를 타도 손잡이를 잡지 않고도 서서 갈 수 있을 정도로 안전하게 운행한다.

그 외 방송 같은 것을 봐도 준비가 잘 되었다는 것을 한눈에 알 수 있다.

2. 다양성이 존중되어 있다.

아르바이트로 생활을 하고 자신의 취미생활을 하고 살아가는 흔히들 말하는 오타쿠(마니아)들을 위한 상품들과 이벤트가 다양하고 그런 식으로 발전한 문화가 대중문화가 되기도 하고 해외수출에 이바지하는 품목이 되기도 한다.

3. 직업관이 인생관과도 같다.

직업이란 철학과도 인생과도 같이 자신의 직업은 항상 일본 제일의 장인이 되는 것인 사람들이 많다. 그래서 그렇게 일본제일이 된 사람은 어떻게 해서라도 인정해주고 그런 사람들에게서 조금이라도 배우려는 사람들이 많다. 한국은 그런 사람이 있다고 하면 헐뜯고 무시하기 바쁠 것이다.


4. 남에게 피해를 끼치지 않는다.

어린 시절부터 철저히 교육받는 부분이다. 다른 사람을 평가하는 말조차 그 사람 앞에서는 함부로 말하지 않는 것이 일본인들의 생각이다.


5. 책임지는 자세가 강하다.

일본인은 책임지려는 자세가 강하다.


6. 함부로 외국어 표기를 하지 않는다.

웬만한 전공서적도 일어로 표기가 되어 있고 그 다음에 괄호로 영어로 표기를 해 놓았다. 간판들도 웬만하면 가타카나가 우선시된다. 일본어와 한국어 누가 봐도 한글이 더 우수하지만, 국민들에게 사랑받는 건 일본어가 더 그런 것 같다. 의사소통을 제대로 하지 않으려는 사람들이 한국에는 많다. 외국에서 살다 온 한국의 연예인은 제대로 한국어조차 쓸 수 없어 영어로 말하거나 발음을 이상하게 하는데 그건 두 언어를 제대로 구사할 수 없는 무식함이지 결코 유식함이 아니다. 한국은 그런 억양이 유식함의 척도 정도로 생각하는 사람들이 있는 것 같다.

7. 필요한 만큼 소비하는 식생활문화를 가지고 있다.

라면집에서 라면을 먹던 식당에서 식사를 하던 메인요리 이외의 반찬은 별로 나오지 않는다. 기껏해야 단무지 두 조각 정도. 그래서 거의 남길 것이 없다.

한국에서는 결코 다 먹지 못할 정도의 음식이 나오는 식당이 많다. 그리고 그런 음식들을 그냥 버리는 것도, 다시 쓰는 것도 죄가 된다.

8. 허례허식을 일삼지 않는다.

개업식, 장례식의 화환은 조화를 쓴다. 그것만 봐도 충분히 알 수 있다.

9. 혈연 지연 학연에 매이지 않는다.

남에게 피해를 끼치지 않는다와 일맥상통하다. 남에게 부탁하거나

행 복 한
동　　　행

남의 힘을 빌리기보다 자신의 힘과 노력으로 헤쳐 나가려는 사람들이 많다. 그래서 은행 금리도 한국의 반의 반도 안 된다. 남의 돈조차 빌려 쓰는 걸 꺼려 하는 사람들이다.

10. 협동심이 강하다.

성인의 날 등 마을 사람들이 무언가를 해야 할 때는 협동단결이 잘 된다. 그런 행사들을 볼 때 한국에서 만약 저런 걸 한다면 어떨까 하는 생각을 해 보긴 하지만, 만약 그렇게 된다면 서로 희생을 하고 운영해 가려고 하기보다는 조금이라도 더 즐겁게 즐기려고 행사는 뒷전에 둘 것이 뻔해서 별로 생각하고 싶지가 않다.

# 눈먼 자들이여!
# 오늘 행복을 누리며 살자

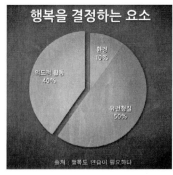

동아일보의 여론조사 결과에 따르면 52.7%의 국민이 행복하지 않다고 한다. 성인 1,200명 중 절반 이상이 자신의 삶에 대해 행복하다고 느끼지 못하는 것이다.

그들은 행복하지 않은 원인이 돈(60.3%), 건강(55.4%), 가족(24.9%) 때문이라고 한다. 건강(73.5%), 가족(69.8%), 돈(65.8%)이 있어야 행복한데 지금의 삶이 그렇지 못하다고 답했다.

그런데 이해가 되지 않는다.

'건강, 가족, 돈'이 행복의 3요소라고 했을 때 건강하다면 다 행복하다고 느껴야 하고, 가족관계가 좋다면 행복한 웃음이 넘쳐야 하며, 돈이 많다면 다 행복하게 살아야 하는데, 그렇지 않은 사람이 더 많다.

행 복 한
동      행

건강하면 돈이 없어서 돈이 많으면 건강하지 못해 돈도 많고 건강한데 자녀 때문에 행복하지 못하고 불행하다고 한다. 건강, 가족, 돈을 다 갖춰도 마찬가지다. 직장이 없거나 명예가 없거나 학벌이 없어서 행복하지 않다고 한다.

행복하다고 느끼지 못하는 이유는 건강과 가족, 돈이 없어서가 아니다. 있는 걸 보지 않고, 없는 걸 보기 때문이다. 자신에게 없는 것을 얻는 내일을 위하여 오늘의 행복을 미루기 때문이다.

그렇다면 행복의 비결은 간단하다.

작은 것이라도 가진 것을 보면 된다. 물질적으로 가난하면 건강한 자신을 보고, 육체적으로 건강하지 못하면 든든한 가족을 보고, 행복을 느끼는 습관을 기르면 된다.

"인생이란 마음속으로 그리는 미래의 삶을 사는 것이 아니다. 현재를 삶으로써 진정한 미래의 삶을 살 수 있다."

시인이자 사상가인 랠프 왈도 에머슨의 말이다.

오늘 하루 행복을 누리며 살아야 한다. 그래야 행복한 내일의 삶을 살 수 있다.

오늘 무엇을 하느냐가 내 인생의 하루를 바꾼다.

오늘의 행복을 내일로 미룬다면 내 인생의 하루는 불행한 날로 바뀐다.

오늘의 행복을 미루지 않고 즐긴다면 내 인생의 하루는 행복이 가득한 날로 바뀐다.

오늘 행복하게 살아도 되는데 가진 것보다 가지지 못한 것에 집착하며 너무 많은 행복을 미루며 사는 것 같다. 오늘 행복을 누리면서 살면 분명 내 인생의 하루는 행복한 날인데 말이다.

# 돈이 많으면 과연 행복할까?

지금부터 5년 전 2010년 7월 19일, 법원 조정위원회에 출근해 업무를 보는데 조정 신청을 하신 노부부께서 들어오셨다.

노부부의 당시 연세는 할아버지가 75세셨고 할머니는 77세셨다.

문제는 재산분할이다. 이혼은 어느 정도 협의가 되었는데 재산이 문제였다.

이 노부부는 여태까지 행복하게 잘살아왔다고 한다. 그런데 할아버지 집안에 종중산이 팔려 종중에서 지분 배당금이 나와 갑자기 큰돈이 생기자 이것이 갈등이 되고 불씨가 된 것이다.

할머니의 속뜻을 보기 위해 할아버지는 잠시 나가 계시라고 했다.

할머니는 재혼하기 전에 딸이 하나 있었지만 할아버지에게는 숨기고 있었다. 당연히 그 딸은 상속권이 없다. 할머니는 어렵게 사는 그 딸이 불쌍하고 안타깝고 항상 가슴에 못처럼 박혀 있었다.

그래서 할머니는 이혼을 결심하였던 것이다. 재산분할을 하여 할머니 소유가 되면 딸에게 넘겨 줄 수가 있으니 말이다.

할머니는 잠시 나가 계시라고 하고 할아버지를 들어오시라고 했다.

영문을 모르는 할아버지가 볼멘 목소리로 호소했다.

"이게 뭔 일인지 모르겠소! 우리는 재산이 없었어도 화목하게 잘 살아왔소! 돈벼락을 맞아서 좋았는데 바로 날벼락이 닥쳤다오!"

돈이 없으면 불편하지만 돈이 많아도 불행해지는 것 같다.

# 감정

여러분은 감정을 어떻게 다스리는가? 아마도 자기 자신에 맞는 방법들을 갖고 있을 것이다.

물 위에 글을 쓸 수는 없다. 물속에서는 조각도 할 수 없다. 물의 본성은 흐르는 것이다.

우리의 성난 감정을 바로 이 물처럼 다루어야 하지 않을까 하는 것이 개인적인 생각이다.

분노의 감정이 일어나면 터뜨리지 말고 그냥 내버려 두면 마치 강물이 큰 강으로 흘러가듯이 분노의 감정이 자신의 내면에서 세상 밖으로 흘러가는 모습을 볼 수 있다.

이것은 감정을 숨기는 것과는 다르다.

이때 필요한 것은 자신이 그런 감정을 느낀다는 사실을 분명히 인식해야 한다. 그리고 그것을 자신에게서 떠나가게 해야 한다. 그것을 부정하는 것이 아니라 자연스럽게 가장 지혜롭게 풀어나가야 한다.

버릴 것도 없고 잡을 것도 없고 버리려고 하면 못 버릴 때 괴롭고, 잡으려고 하면 안 잡힐 때 괴롭지만 이렇게 저렇게 어찌 할까?

걱정하게 된다.

그냥 다 내려 놓는 것이 정답이다.

그냥 다 놓아야 한다.

감정을 다스리는 좋은 방법을 알고 있다면 우리 함께 공유해 보자!

# 상대방의 입장에서 바라보면
# 그 사람의 마음을 알아간다

사람과 사람 사이 뜻을 담고 있는 것을 보면 그만큼 우리가 세상을 살아가는 데에는 관계가 매우 중요하다는 것을 알 수 있다.

나는 관계에 성공해야 인생에서도 성공할 수 있다고 생각하고 이것을 원칙으로 삼고 있다.

우리는 수없이 많은 관계들 속에서 살아가고 있다. '상사와 부하' '남편과 아내' '부모와 자식' '동료와 이웃' '기업과 고객' '학부모와 선

생님' '장모와 사위' '제자와 스승'

이러한 관계에서 성공하는 방법은 무엇일까?

나는 수많은 사람들을 만나면서 이러한 입장에서 생각하기까지 힘든 시간을 보내면서 사람의 마음을 얻는다는 건 그 사람을 알아간다는 건 참 쉬운 일이 아니구나. 한 번 더 깨닫는 시간이었고 지금도 관계문제 속에서 하나하나 풀어가려고 한다.

그럼 어떻게 풀어나가야 할까?

바로 상대방의 입장에서 보고 생각하고 말하면 성공이라고 할 수 있지 않을까?

TV에 연예인 부부가 나와서 게임을 하는 프로그램이 있는데 한번은 일주일에 한 번씩 먹고 싶은 음식이 무엇인지 남편들에게 묻고 그 질문에 대한 답을 부인이 맞히는 게임을 했다. 한 남편이 '천 원 김밥'이라고 적자 그 아내가 놀라며 물었다. "우리가 매일 먹는 김밥이 천 원 김밥이야. 그런데 왜 적어?" 남편은 나는 그 김밥을 "일주일에 한 번만 먹고 싶다."라고 대답했다.

나한테 좋다고 상대방에게도 반드시 좋으란 법은 없는데 아내는 남편을 생각하지 않았던 것이다. 오직 자기 관점으로만 남편을 대한 것이다.

자기중심으로 생각하면 '남 탓'도 하게 되고 자신의 잘못을 남에게 떠밀기도 하게 되며 스스로 잘못을 인정하지 않기 때문에 자신도 모르게 언제나 상대방을 비난하게 된다. 그래서 자연스럽게 관계도 불편해진다. 관계는 둘 이상이 있을 때 이루어지는 것으로 혼자만 생각하면 유지하기 어렵다.

'너 없는 나'란 존재할 수 없다.

주위 사람들과의 관계를 자기중심으로만 맺으려 한다면 그로 인해 상대방은 힘들어질 수밖에 없다.

어떤 문제나 난처한 상황에 직면했을 때 좋은 관계를 유지하기 위해서는 자기중심으로만 생각하지 말고 상대방의 입장에서 바라보면 그 사람의 마음을 이해할 수 있다.

자기중심의 생각을 잠시 멈추고 상대방의 관점에서 상황을 다시 검토한다면 자신의 행동에는 언제나 그럴 만할 이유가 있듯이 상대방의 생각과 행동에도 나름대로 이유가 있기 마련이다.

상대방의 입장에서 상황을 돌아보고 생각하면 그의 마음을 이해할 수 있게 된다. 그런 마음이 지금 일어나고 있는 문제를 지혜롭게 풀어갈 수 있는 중요한 열쇠가 아닐까 하며 이것은 아주 중요한 사실이라는 생각이 든다.

자신의 관점에서 볼 때는 부정적이었던 사실이 상대방의 입장에서 생각하고 이해할 수 있게 되면서 '그럴 수도 있겠구나.'라고 긍정적으로 받아들이기 때문이다.

상대방을 이해해 줄 때 비로소 상대방의 마음을 얻을 수 있듯이 상대방의 입장에서 생각하다 보면 배려심이 깊어지고 세심한 배려는 감동을 낳는다.

리더는 상대방 입장에서 늘 생각하고 깨어 있어야 한다.

> 사람을 만날 때, 상대방이 자신에게 어떤 식으로 도움이 될지 생각하지 말고, 자신이 상대방에게 어떻게 봉사할 수 있을지를 생각하라.

행 복 한
동        행

# 생각 대신
# 마음으로 하여라

살아가면서 많은 결심을 한다. 헤아릴 수 없을 만큼 마음을 먹는다.

그러나 결심한 대로 되지 않을 때가 많다. 마음먹은 대로 되지 않을 때가 많다.

이유는 한 가지다.

생각으로 하기 때문이다. 마음으로 하지 않기 때문이다. 마음으로 하지 않으니 마음먹은 대로 되지 않은 것이다.

똑같이 제비의 다리를 고쳐주고도 흥부는 흥하고 놀부가 망한 이유도 그렇다.

흥부는 다리가 부러진 제비에게 마음으로 다가갔고, 놀부는 부자가 되고 싶은 생각으로 다가갔다. 흥부는 제비의 아픔에 함께 공감했고, 놀부는 제비를 보고 머리로 계산을 했다. 마음으로 다가간 흥부는 흥하고, 생각으로 다가간 놀부는 망한 이유이다.

소설가 이외수 씨는 생각과 마음의 차이를 이렇게 말한다.

"대상과 내가 이분되면 생각이고, 대상과 내가 합일되면 마음이다."

그는 생각으로 글을 쓰면 독자에게 감동을 줄 수 없음을 알았다고 말한다. 작가가 아무리 감동적인 글을 쓴다 해도 독자와 작가의 마음이 떨어져 있기 때문이다. 이 원리를 터득한 다음부터 이외수 씨는 생각이 아닌 마음으로 글을 썼다고 한다.

마음으로 글을 쓰니 독자들이 공감했다. 공감대가 높아지니 책이 잘 팔렸다. 책이 잘 팔리니 무엇에든 자신감이 생겼다. 생각이 아닌 마음으로 다가가니 하는 일마다 잘 된 것이다.

생각과 마음은 다르다.

생각은 머리에서 끌어낸 것이고, 마음은 가슴에서 우러난 것이다.

생각은 계산하여 만들어낸 것이고, 마음은 느낌으로 만들어진 것이다.

생각으로 하면 마음먹은 대로 되지 않는다. 생각과 마음이 따로 되기 때문이다.

마음으로 하면 마음먹은 대로 된다. 마음과 마음이 함께 되기 때문이다.

여러분의 인생도 마음으로 일하는, 마음이 감동하는, 마음먹은 대로 되는 '술술' 잘 풀리는 인생이 되었으면 한다.

나는 생각이 많다 보니 마음먹은 대로 되지 않을 때마다 글을 썼다. 그러다 보니 마음공부를 했고 살아가면서 지식공부보다 중요한 게 마음공부였고 평생 해야 하는 공부가 마음공부인 것을 깨닫게 되었다.

마음은 곧 진실이다.

# 아내를 만난 것은 운명이었다

나와 아내의 첫 만남은 2009년 7월 7일 비오는 날이었다.

그 당시 아내는 피아노 학원을 운영하고 있었고 나는 태권도장을 운영하고 있었다.

그런데 우린 이렇게 첫 만남을 이루었다. 제자 한 명이 피아노를 배우는 친구였는데 그날따라 비가 와서 그런지 한 명의 제자가 나오질 않자 내가 직접 피아노 학원 문을 열어서 데리러 갔었다. 그런데 놀라운 건 그녀의 미모였다. 또한 그녀의 친절한 말투에 마음이 끌렸다. 그래서 그녀를 한 번 더 만나보고 싶었다. 다음날부터 제자를 데리러

왔다는 핑계로 말을 걸게 되었고 또한 서로에 대해 아이들을 가르치는 직업이다 보니 서로 통하는 것 또한 너무 많았고 좋았다.

주말에 나는 그녀에게 데이트 신청을 했다. 서로의 공통점인 맛집을 찾아 평가하면서 대부분 데이트 시간을 보냈다. 그러다 보니 서로에 대해 조금씩 마음에 문을 열기 시작하여 연인으로 발전하기로 내가 먼저 마음을 열었다.

아무튼 단순히 데이트만 하는 것은 너무 아쉬운 점이 많았다. 무언가 관계를 더 진척시켜야겠다고 계획을 세웠다. 물론 궁극적인 목적은 그녀를 아내로 맞이하는 것이었다.

사랑은 참으로 이상한 감정이었다. 사귀면 사귈수록 떨어질 수가 없었다. 밤늦게 집에 바래다주고 돌아오면 그렇게 마음이 허전할 수가 없었다. 그녀도 마찬가지인 것 같았다.

이럴 바에는 결혼해서 함께 사는 것이 최선이라고 생각했다. 그녀와 함께라면 굳이 외국에 나가서 도장을 할 이유도 없었다. 둘이서 힘을 합하면 이루지 못할 것도 없었다.

쇠뿔도 단김에 빼랬다고 서로가 한시도 떨어지기 싫을 때 프러포즈 승낙을 받을수 있을 것 같았다. 그래서 나는 그녀에게 5번의 프러포즈를 했었다. 콧대가 아주 높은 그녀였기 때문에 나는 더 적극적인 사랑표현을 했었다.

하늘도 감동받았는지 그녀도 시간이 지나 나의 고백을 받아주었다.

그래, 우리 둘이 힘을 합해 꿈을 한번 키워보자!

하지만 양가 부모님께 승낙을 받아야 한다는 관문이 있었다.

제일 먼저 나는 장모님이 나를 좋아할 수 있는 조건의 사위가 아니었다. 운동을 하는 사람이 딸을 행복하게 해 줄 수 없다는 확고한 철학 때문인지 반대를 심하게 하셨다. 하지만 나는 그냥 이렇게 물러설 수 없었다. 백 번이고 천 번이고 승낙을 받고 결혼하고 싶었다.

나의 열정이 장모님의 마음을 조금씩 열게 되었다. 나의 진심을 보이며 한결같이 변함없이 있는 모습 그대로 나의 남자다운 모습을 보여드렸다.

자식 이기는 부모 없다더니 결국 장모님께서 허락을 해 주셨다.

그녀와의 결혼 생활은 그렇게 시작되었다.

그녀에게 프러포즈한 편지를 아직까지도 기억한다.

---

2011년 7월 20일 수요일

내 인생! 일대의 순간!
심장이 두근두근! 팍~팍!
드디어 나도 품절남이 되는 순간, 기분이 묘하고 어떻게 표현할지.
책임감, 의무감, 무거운 어깨, 가장, 행복한 동행, 이런 단어가 생각이 난다.
자, 이제 시작이다! 정말 실감나게 이 악물고 열심히 살자고 내 자신에게 다짐했다. 당신과 혼인신고 한 나는 행운아예요. 여보 고마워~
나 같은 남자를 받아줘서 부족한 나를 채워 줘서 감사하네요.
평생 감사하며 행복하게 잘살아요! 시원한 차 한 잔 할까? 여보야^^
오늘도 날씨가 마니 덥네요. 내일은 우리가 혼인신고 하고 난 후 처음으로 나들이 가는 날! 아이들과 함께 신혼여행 가는 날 같다. 그치?

---

오늘 아침부터 당신이 너무 생각나더군요. 나와 함께 행복한 동행을 한다는 게 너무 고마워서. 눈앞을 가리는 눈물이 핑 하고 돌던 그 마음을 가슴에 담아보네요

오빠는 가난이 싫다! 그래서 부자가 되기 위해서 노력하고 싶다!

지금 이 순간도 무언가에 몰입하면 돈이 생길 수 있으니까? 어떻게 보면 당신을 고생시키고 싶지 않아서겠지?

너의 얼굴을 볼 때마다 오빠는 엄마 품보다 더 포근한 당신 가슴에 안기고 싶은 게 매일매일 소망인 것처럼 살고 있다. 알지?

이런 당신과 혼인신고한 나는 정말정말 행운아에요, 그치?

이제 우린 부부가 되었네. 아직 결혼식을 올리지는 않았지만 부부나 다름이 없는 대한민국헌법에 등록된 정식 부부가 되었다는 거.

하나님께 제일 먼저 감사와 영광을 돌리고 싶다. 주님 감사합니다.

오빠가 생각하는 부부란 이런 게 아닐까 해서 몇 자 떠올라 새겨 본다.

이런 인생이 쭉 이어져서 오래오래 행복했음 하는 바람이다.

음, 어떻게 표현하지. 음, 피아노.

교통사고의 대부분이 운전자의 부주의에서 나타난다고 하잖아

이 점을 부부간에 적용하면 어떨까? 부부의 길을 어떻게 안전운행 하느냐에 따라 행복이 오거나 불행이 오거나 하는 것 같아. 안전운행에는 지켜야 할 수칙이 있듯이 거리에서는 교통경찰이 단속하고 주의를 주지만 부부의 길에는 교통경찰이 없기 때문에 스스로 지켜 나가는 수밖에 다른 도리가 없는 것 같아.

부부간에 만약 일방통행이 생긴다면 너무 힘들어지겠지. 그래서 언제나 쌍방통행이며 그때그때의 문제는 서로 간의 협조체제 속에서 이뤄져야 안전운행 할 수 있을 것 같아.


행 복 한

동        행

여보야! '너는 너' '나는 나' 하는 식의 일방통행은 부부교통법규에서 스티커 딱지를 떼어야 할 것 같아. 그치? 푸하하!

항상 상대방을 존중하며 왕처럼 모실 때 내가 왕비 대접을 받게 되는 것처럼 같은 원리로 남편을 시종처럼 여길 때 나는 시녀로 전락하게 된다는 사실을 알아야 할 것 같아. 너와 내가 아닌 우리란 울타리 속에서 한 마음으로 뜻을 같이 하여 동반자가 되어서 남들이 부러워하는 영혼의 삶을 누리는 부부가 되었으면 좋겠어.

이렇게만 된다면 우리 가정은 결코 실패하지 않을 거야!

늘 항상 천국 모형의 가정이 될 거야. 아자아자 홧팅!

꾸미지 않아도 아름다운 사람, 모르는 것을 모른다고 말할 수 있는 솔직함, 아는 것을 애써 난 척하지 않고도 자신의 지식을 나눌 수 있는 겸손함과 지혜가 있는 그런 남편이 되고 싶다. 진현아!

**결혼생활에 성공을 부르는 주문 20가지**

1. 병호야, 책을 많이 읽어라.

2. 병호야, 남의 말에 귀를 기울여라.

3. 병호야, 깊게 생각하고 짧게 말해라.

4. 병호야, 좋은 말과 좋은 행동을 해라.

5. 병호야, 검소한 생활을 해라.

6. 병호야, 화를 내지 마라.

7. 병호야, 좋은 사람이 되도록 노력해라.

8. 병호야, 근면 · 성실 · 노력해라.

9. 병호야, 아름다운 미소를 가져라.

10. 병호야, 김진현이를 아끼고 사랑해라.

11. 병호야, 저축해라.

12. 병호야, 투자해라.

13. 병호야, 겸손하며 항상 낮추어서 말해라.

14. 병호야, 참으면 복이 온다.

15. 병호야, 항상 현명하게 판단하고 내가 한 행동에 후회하지 않도록 해라.

16. 병호야, 항상 누군가가 나를 지켜보고 있다고 생각해라.

17. 병호야, 사람이 하는 일인데 안 되는 것이 없다.

18. 병호야, 나 자신을 사랑해라.

19. 병호야, 20대의 열정과 40대의 지식을 겸비해라.

20. 병호야, 남의 것을 부러워하지 말고 나의 삶과 현재에 만족하고 충실히 행하다 보면 너는 그 사람보다 더 좋은 삶을 살 수 있을 것이다.

Story 67

# 이해와 깨달음의 차이

우리가 무엇인가 새로운 것을 알게 되었다는 의미에는 두 가지가 있다.

그것은 바로 '이해했다.'와 '깨달았다.'인데 어원은 '알았다.'는 의미로 미묘한 차이처럼 보이지만 여기에는 아주 큰 차이가 존재한다.

먼저 '이해했다.'는 머리로 알게 되었다는 의미이다.

이는 다시금 재정리하여 다른 사람에게 설명이나 글을 통해 전수가 가능하고, 평가를 통해 진짜 이해했는지 테스트도 가능하다. 우리가 알았다는 것의 대부분은 여기에 속하고 세상 대부분의 사람들이 집중하는 분야이며, 세상 거의 모든 학교에서 아이들에게 가르치는 분야이다.

이에 비해 '깨달았다.'는 가슴 혹은 마음으로 알았다는 의미이다.

자기가 머리로 배운 것을 깊은 명상이나 체험을 통해 '아하!' 하는 순간을 거쳐 자신의 몸으로 체득한 앎이다. 그러므로 이는 아는 것은 분명히 맞는데 진짜인지 아닌지 여부를 테스트하거나 다른 사람에게 전달하는 것이 결코 쉽지 않다.

어떤 광고에 "좋은 건 맞는데 어떻게 표현할 방법은 없고…." 하는 것이 나오는데 이렇게 말하는 사람은 체계적으로 배우지 못함이 아니라 바로 자신은 체험을 해보았고 분명히 느꼈지만 그렇게 찾아온 깨달음을 달리 설명할 길이 없다는 것이다.

정말 너무나 명확하게 아는데도 말이다.

지금까지 우리는 세상 대부분의 학교에서 가르치듯이, 세상 대부분의 사람들이 집중해왔듯이 앎의 길에서 '이해했다.'에만 머물러 왔다.

너도 알고, 나도 알고, 그러니 우리 모두 알고, 그러고서는 다른 이해할 것을 찾아서 높은 교육을 향해 가고 새로운 지식을 찾아 시간과 비용을 지불한다. 그러면서 자신은 지식인이요, 요즘의 지식사회 정보화 사회에서 최고의 지식인이요, 최고의 박사임을 자랑거리로 여긴다. 그러나 그뿐이다.

예전에 내가 읽었던 책 중에『내가 배워야 할 모든 것은 유치원에서 배웠다』라는 책이 있었다.

우리는 더 고차원의 지식이 필요하다기보다는 지금까지 배워 온 것을 지금까지 이해 해 온 것을 '아하! 이래서 이렇구나!' 하는 순간이 올 때까지 명상하고 직접 체험해 보면서 끝내는 배움을 실천으로 만들어 나가야 한다.

행 복 한
동          행

그리고 자신이 하는 일에 대해서 왜 이 일을 하는가에 대해 몇 번의 '왜?'라는 질문을 하면 다다르게 된다는 우리들의 최고의 목표인 '행복해야 하는 이유'와 '행복해지는 방법'에서도 지금 내가 아는 것을 깨달음을 위해 반추해 보는 것이 더 빨리 행복에 다다르는 방법이 아닐까요?

내 글이 다 맞는 얘기는 아니지만 그렇다고 틀린 얘기는 아니다. 다만 이 글이 깨달음을 주는 글이 되길 바랄 뿐이다. 나도 글 쓰는 것만큼 완벽한 인격의 소유자는 아니다. 내가 글을 쓰는 이유 중에는 스스로에게 부족한 부분을 깨우치기 위한 앎을 발견하고자 하는 진심 어린 마음이 있다.

# 계획대로 안 되는 일이 더 많다

살다보면 계획대로 되지 않는 일이 더 많다.

계획대로 풀릴 때보다 계획대로 되지 않을 때 내가 어떻게 대처하느냐에 따라 삶은 무한한 배움을 얻을 수 있고 한없이 추락하는 날개를 달고 나락으로 떨어질 수도 있다.

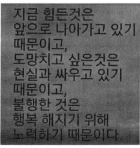

지금 힘든것은 앞으로 나아가고 있기 때문이고, 도망치고 싶은것은 현실과 싸우고 있기 때문이고, 불행한 것은 행복 해지기 위해 노력하기 때문이다

다급한 나머지 조급하게 용서를 구하지만 그런 용서는 위기 모면용 일회성 멘트라는 사실은 역사가 이미 증명해 주고 있다.

지금 눈앞에 벌어진 위기 국면을 무조건 모면하거나 회피하지 말고 근본적인 문제가 무엇이었는지를 스스로 성찰하고 대안을 근원적으로 모색하지 않으면 위기는 언제나 반복된다.

이 또한 지나가리라?

다 지나가리라?

니체의 영원회귀설에 따르면 이 또한 절대로 그냥 지나가지 않고 영원히 이 또한 영원히 반복된다.

위기 상황을 초래했거나 당한 사람이 습관적으로 하는 말은 한 번만 봐달라는 것이다. 봐 주면 위기는 극복되는가?

화장실을 다급하게 다녀온 사람의 편안한 마음처럼 위기 앞에 풍전등화의 위기의식을 느끼다가 봐주는 순간 안도감과 함께 깊은 안락감에 사로잡히고 방금 전의 위기 모면 국면은 역사 속의 추억으로 사라진다.

이제까지 경험해보지 못한 전대미문의 힘든 상황도 극복하고 나면 곤경이 풍경으로 바뀐다.

생각지도 못한 일을 체험하지 않고서는 생각지도 못한 생각을 하기는 불가능에 가깝다.

지금 내 눈 앞에 펼쳐지는 계획에 없었던 일, 계획대로 풀리지 않고 있는 일 그리고 전혀 예상치 못한 뜻밖의 일에서도 사람은 배울 수 있다.

배우는 사람으로 자세를 잃지 않을 때 그 사람은 인생의 주연 배우로 등극할 때가 반드시 온다.


어느 목욕탕 간판의 문구처럼 '사람은 다 때가 있는 법'이기 때문이다.

나는 계획대로 되는 일보다 계획대로 되지 않는 일이 더 많았기에 10%의 열정은 항상 남겨두었다. 10%의 열정은 나의 히든카드였기 때문이다.

# 내 평생을 지배하는 말들

좋은 말은 많지만 말이 안 되는 삶.

세상에 좋은 말은 넘쳐난다.

여기저기도 걸려 있고 이곳저곳으로 돌아다닌다.

Facebook, twitter, 카스와 카톡 등 각종 SNS에 출처불명의 좋은 말, 멋진 명언, 아름다운 속담과 격언 그리고 누군가 정리한 깨달음의 글들, 언뜻 봐도 참 좋은 말과 메시지가 지천에 널려 있다.

그런데 세상은 그 말과 메시지가 의도하는 대로 되지 않는 게 왜 그렇게 많을까?

좋은 말의 향연을 마치고 그중에 1/100만이라도 내 삶에 옮겨 실천해보는 시간을 갖자.

세상의 좋은 말보다 나의 우직한 실천으로 깨달은 한마디가 한평생을 바꿀 수 있다.

아무리 위대한 명언과 기가 막힌 말씀의 향연도 내 삶에 적용해서 내가 몸으로 깨닫지 않으면 쓸 이야기는 없고 모두 쓰레기로 전락한다.

내가 쓸 이야기는 내가 체험해보고 내가 뼈저리게 느낀 것이다. 어설픈 말과 논리지만 내가 정리한 한 줄이나 한 문장이 한평생을 지배할 수 있다.

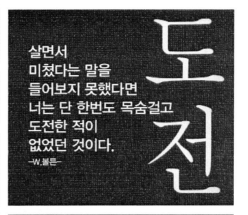

남고 똑같이 한걸 가까고
열심히 했다 말하지 말라

끈기와 열정

Only I can change my life.
No one can do it for me.
나만이 내 인생을 바꿀 수 있다.
아무도 날 대신해 해줄 수 없다.

폭풍우 지나가길 바라질 말고
빗속에도 춤추는 법을 배우자.

" 탓하지 마라 "

살면서
미쳤다는 말을
들어보지 못했다면
너는 단 한번도 목숨걸고
도전한 적이
없었던 것이다.
—W.볼튼—

도전

인생은 좋아하는 것만
골라 먹을 수 있는 뷔페가 아니라
좋은 것을 먹기 위해
좋아하지 않는
디저트가 따라나오는 것도
감수해야하는 세트메뉴다

# 눈은 또 다른 언어이다

　　눈을 보면 그 사람을 알 수 있다.

　　사람이 바깥 세계에서 받아들이는 정보의 80% 이상이 눈을 통해서 들어온다.

　　의사소통과정에서  음성 이외의 거의 모든 정보가 눈을 통해 들어오며 또 눈으로 전달된다. 상대의 시선을 통해서 말로 표현되지 않는 무관심, 수줍음, 자신감, 긴장감 및 진지함의 정도가 파악된다.

　　대화를 한다는 것은 서로 말을 주고받는 것이다. 그러나 아무리 듣기 좋은 말을 하더라도 눈치가 이상하면 그 말을 믿지 않는다. 즉, 그 말이 얼마나 믿을 만한지는 상대방의 눈을 보고 판가름할 수 있다는 얘기다.

　　'눈이 맞았다.'라는 말은 두 사람이 사랑하는 사이가 되었다는 것을 의미한다.

두 사람이 서로를 마주보고 있는 시간의 길이는 그들의 사이를 판단하는데 매우 신빙성 있는 평가척도이다. 오랫동안 응시하는 사람은 그렇지 않은 사람에 비해 상대에게 더 주의를 기울이고 있는 것이다.

상대방을 응시하는 시간이 긴 사람들은 사교술이 좋고 신뢰감도 더많이 가는 것으로 평가받는다. 응시하는 정도는 상대방에게 갖고 있는 감정의 강도에 의해서 달라진다.

매력적으로 생각하는 사람들에 대해서는 눈이 자주 갈 뿐 아니라 전체적인 응시 시간도 길어진다.

그러나 낯선 사람이 몇 초 이상만 똑바로 쳐다보면 사람들은 얼른눈을 돌린다.

낯선 사람의 응시는 위협을 느끼게 하기 때문이다. 엘리베이터 안이나 지하철 속에서 곁에 있는 사람과 시선을 피하고, 층수를 알리는숫자판이나 광고에 무의미한 시선을 던지는 것도 위협적인 상황을 피하고, 자신이 위협적인 존재가 아님을 알리기 위한 것이다.

시선을 마주치지 않는 것 역시 뭔가를 전달한다. 시간이 다 되었거나 불쾌해서 더 이상 이야기를 계속하고 싶지 않을 때, 상대방에 대한응시 시간이 급속하게 감소된다.

불쾌하거나 당황한 상황에서 또는 자신의 개인적인 공간이 침범 당했다고 생각될 때 우리는 시선을 마주치는 것을 현저하게 줄인다.

상대방을 경멸하거나 상대할 가치가 없다고 생각할 때도 역시 눈길을 거둔다.

말로 표현하지 않았음에도 불구하고 상대에게 무시당했다는 느낌이 들 때가 있다.

　내가 상대를 응시하는 시간보다 상대가 나를 응시하는 시간이 현저하게 적었을 때이다.

　'무시'하는 것은 곧 보지 않는 것이기 때문이다.

　상대의 눈만 봐도

　상대의 마음을 알 수 있다.

　맑고 매력적인 눈, 선하고 착한 눈, 분노와 공포의 눈, 증오의 눈.

　우리는 당신의 눈빛만 봐도 당신을 알 수 있다. 눈은 마음의 거울이기 때문이다.

　말로만 나를 표현하는 것이 아니라 눈으로도 나를 표현하고 있다.

　지금 거울 앞에서 나의 눈을 한번 똑바로 보자.

　나는 어떤 눈을 하고 있는지….

　어쩌면 눈은 나의 이력서일 수도 있다.

　나는 눈을 보고 그 사람의 마음까지 알아차리기는 힘들지만 그 사람이 날 좋아하는지 싫어하는지는 분명히 알 수 있다는 것을 경험했다.

　선한 눈은 그 사람의 장점만 바라본다.

　하지만 악한 눈은 그 사람의 단점만 바라본다.

　세상을 깨끗이 씻은 맑은 눈으로 보시기 바란다.

　그럼 또 다른 세상이 보일 테니까 말이다.

행　복　한
동　　　행

# 나의 비전은
# 마법처럼 신비롭다

비전은 마법과 같다.

모든 일이 이루어질
수 있는 미래의 가능성
이며 크고 대담한 생각
들이다.

그렇기에 비전이 없는
하루하루의 삶은 캄캄
한 터널을 지나는 것과
같다.

"만일 당신이 10개의 매직을 알고 있다면
당신은 어떤 장소에서건 환영 받는 존재가 되어 있을 것이다."
- 데이비드 카퍼 필드

개인이나 조직에 비전이 없다면, 아무리 시급한 일이라도 일단 멈
추고 며칠, 몇 달이 걸리더라도 이를 먼저 세워야 한다.

비전 수립 단계는 감당하기 어려운 흥분과 에너지, 멋진 미래의 전
망을 만들어 내는 시기이다.

Vision is like magic.

비전이 있기에 흥분과 기대가 열정을 일으키는 에너지로 변화된다.

마술사의 눈속임이 아닌 미래의 한 상태를 그리고 있는 나를 발견하게 된다.

마치 완성되어 가는 과정이 눈앞에 그려지게 된다.

아니 나의 뇌 속에서 마음껏 파노라마처럼 영상을 쏘아 댄다.

사람들은 안정을 추구하고 변화하기를 두려워한다고 한다.

하지만 그것도 잠시. 안정은 편안할지 몰라도 정신을 갉아먹고 내 영혼을 죽이는 마술과도 같다는 것을 아는가?

눈속임과 손놀림의 마술처럼 잠시 즐거움에 만족하지 않는 사람이야말로 진정한 사람, 자신을 가꾸고 사랑하는 사람이 아닌가 한다.

비전이 마법과 같으며 삶에 있어서 마법의 비전을 놓쳐선 안 될 것이다.


나의 모습, 나의 미래는 어떤 모습일까?


현재가 아닌 미래를 꿈꾸는 사람이 되어야 한다.

우마차가 달리던 시절에는 기차도 없었고, 비행기도 없었습니다. 더 빨리 달리고자 하는 열망과 날고자 하던 사람들의 열망이 지금의 기차와 비행기를 만들어 놓았다. 사람들이 이렇게 계속 발전을 꿈꾸는 사람에 의해서 만

행 복 한
동    행

들어진다.

하루에 세 번씩만 자기의 미래를 꿈꿔 보자.

그 순간 미래는 여러분에게 한 발짝 다가올 것이다.

『석기시대의 사고로는 철기시대를 살 수 없다』라는 책이 있다.

그렇습니다. 석기 시대의 사고로는 철기시대를 제대로 살 수 없으며 보다 나은 미래를 꿈꿀수도 없습니다. 여러분은 현재가 아닌 미래를 꿈꾸는 사람이 되어야 한다. 그래야 미래에 대한 여러분들의 생각들이 현실처럼 이루어질 수 있는 것이다. 여러분들은 바로 미래의 주역이다.

석기시대의 사고로 철기시대를 살아서는 안 된다.

미래를 향해 달려 나가는 사람이 되어야 한다.

늘 미래에 대한 강한 열정이 여러분의 가슴속에 꽉 들어차 있길 바란다.

생각은 누구나 할 수 있다. 지금도 고민하시고 생각만 하고 있는가? 지금 여러분이 주인공이다. 그려 보자. 망설이지 말자. 망설여진다면 여러분은 분명 "다음에 하지 뭐." 하고 말 것이다. 지금 이 순간 성공하고 싶은가? 그렇다면 시작하자. 그림을 그리는 여러분이 성공한 사람이다.

10년 뒤 나의 모습을 그려보고 나의 미래를 한 번 써 보자!

# 2014년으로 시작해서
# 앞으로의 미래 설계

나의 비전.

10대와 20대의 생각은 남들처럼 평범하지 않았다.

지금 30대 비전을 꿈꾸고 있기에 남들처럼 평범하지 않기에 새롭게 도전하고 싶고 무에서 유를 창조하듯 그런 재능 있는 사람이 되고 싶기에 20대 후반부터 계획을 세웠다.

인생은 30대부터 시작이란 말이 있다.

현재 38세, 결혼생활+직업(리더 관장)+나의 능력(잠재력)+열정(아이템)

2015년 『행복한 동행』 출간
2016년 STA송탄 1호점 오픈
2017년 STA동탄 2호점 오픈
2018년 STA미국(USA) 3호점 오픈

2019년 STA 오산 4호점 오픈

40세 STA프랜차이즈 이사장
50세 STA프랜차이즈 300호점 돌파
60세 성인부, 동호인 대상 STA검도장 오픈
실버건강생활체육센터 검도프로그램을 창설, '인생은 60부터 운동한다'라는 주제로 각 대학 및 사회단체에서 강의
70세 제2권 『행복한 아내』, 제3권 『인생은 60부터 운동한다』 출간

75세가 되면 난 내가 하고 싶은걸 이루었고 그리고 사랑하는 사람에게 더 사랑받는 남편이 되겠다.

여기까지가 나의 비전과 미래 설계이다.

그리고 주변에 나의 비전과 꿈을 부담이 되게끔 알려라!
유태인 속담에 "말이 입안에 있을 때는 네가 말을 지배하지만, 말이 입 밖에 나오면 말이 나를 지배한다."는 말이 있다.

자신이 원하는 비전과 꿈을 자신에게 매순간 외치고 또 외쳐라! 그리고 주변에 소문을 내라! 내 가족들에게 외치고, 주변 사람

들에게도 외쳐라! 새롭게 만나는 사람들에게도 알리고 외쳐라! 그래서 부담이 되게끔 알려라!

　부담감을 책임감으로 승화시키면 내가 가야 할 방향을 명확하게 알려 줄 것이다.

　성공한 사람들은 다음과 같은 답을 내린다.

　　꿈이 사람을 만들고 그 꿈을 이룬 사람이 더 큰 비전과 꿈을 꾸게
　　된다.

# 나의 멋진 삶을
# 편집하고 편성하라

쌀쌀한 토요일 아침, 따뜻한 이불속의 유혹을 뿌리치고 피곤한 몸을 뒤로하고 새로운 교육적 소재거리도 찾을 겸 해서 산책에 나섰다. 세수를 하지 않고 허름한 차림으로 나섰는데 눈이 녹아 빗방울이 떨어지며 인사를 건네 온다.

재잘거리는 새소리는 우리들의 모습이고, 외롭게 뒹굴고 있는 과자봉지, 종이컵, 비닐들은 방치된 교육현실 같아 무거운 발걸음을 옮긴 아침이었다.

나는 사회사업가가 아니기에 부모님들의 요구와 수련생들의 희망사항을 파악하여 이를 전달하고 교육하는 사람이다. 그러나 공공적 가치에 항상 고민하고 이를 위해 당장의 달콤함보다는 미래의 희망을 심는다는 생각으로 지도자의 길을 걷고 있다. 그래서 때론 공공적 가치를 더 우선시하여 흔들리는 청소년들의 가치관을 바로잡기 위해 무던히도 목소리를 높였던 것 같다. 심부름꾼이 되기보다는 참교육이 무엇인지에 대한 무게를 더 실은 게 사실이다.

남들처럼 달콤하고 현란한 말솜씨로 사업을 하는 재주도 나에겐 없다.

나의 고민은 '언제 한 번 제대로 참스승 노릇할까?'라는 것이다. 그런 재주로 인하여 가정에는 큰 경제적 이득을 제공한 능력 있는 가장은 되지 못했지만 밥을 굶지 않고 살 수 있으니 이 얼마나 복 받은 사람인가, 라는 만족이 오늘 아침 발걸음을 가볍게 했다.

오늘은 또 어떤 행복한 고민이 생길지 기다려진다.

나는 TV프로그램을 유심히 본다.

인기 있는 프로그램은 왜 오래 가는가?

영화나 드라마 다큐멘터리 같은 방송을 하기 위해서는 편집과 편성의 과정을 거친다.

아무리 많은 장면을 찍었다고 해도 편집과 편성의 과정을 거치고 난 후에야 한 편의 프로그램으로 방송된다.

촬영이 끝나면 편집의 과정을 거친다. 그동안 찍었던 수많은 화면들을 보며 남길 것은 남기고 버릴 것은 버린다. 버리기에 아까운 장면들이 아무리 많아도 잘 버려야만 좋은 프로그램이 된다. 찍었던 장면들을 잘 버리는 PD가 프로그램을 잘 만드는 PD이다.

그래서 좋은 PD는 잘 버린다.

예전에 써먹었던 똑같은 장면을 버리고, 재미없이 지루하게 이어지는 장면도 버리며, 사회에 악영향을 주는 장면도 과감히 버린다.

낡은 것, 지루한 것, 해로운 것을 버려야 새로운 것, 재미있는 것, 유익한 것들로 이루어진 좋은 프로그램을 만들 수 있다는 걸 알기 때문이다.

편집이 끝나면 편성을 한다.


행 복 한

동      행

시청자들이 즐겁게 볼 수 있도록 한다.

시청자들이 편안하게 볼 수 있도록 한다.

시청자들이 원하는 시간에 원하는 내용을 방송해야 성공하는 프로그램이 된다는 걸 알기 때문이다.

나의 삶에도 편집과 편성이 필요한 것 같다. 편집은 삶을 행복한 프로그램으로 만들고, 편성은 삶을 성공하는 프로그램으로 만든다.

낡은 것, 지루한 것, 해로운 것을 버리고, 새로운 것, 재미있는 것, 유익한 것들로 편집하면 나의 삶은 행복한 삶이 될 것이다.

즐겁고 편안하게 볼 수 있도록 사람들 사이에서 나를 잘 정돈하여 편성하면 나의 삶은 성공하는 삶이 될 수 있을 것이다. 행복하고 성공하는 삶을 위해 매일매일 나를 편집하는 시간을 가지고 매일매일 나를 새롭게 편성해야겠다.

오늘도 나는 새롭게 프로그램을 개발하고 CI를 편집하고 편성했다.

# 나는 누군가의
# 꿈이 되고 싶다

돈을 모으려면, 성공하고 싶다면?

우리는 보통 한 가지 형태로 돈을 모은다.

노동력을 끌어내고 계속 뛰어야 한다. 죽을 때까지….

하지만 성공하는 사람들의 특징은 권리수익을 잘한다는 것이다.

예를 들면 이건희 회장이 사람을 만나는 것이다.

하는 일이 달라야 성공한다.

우리가 사는 목적은 무엇일까?

행 복 한

동        행

돈, 명예, 건강, 가족을 위해 우리는 24시간 노동력을 투자한다.

집, 회사, 대인관계(단체), 비전이 있는 사람(단체)을 따라 가자!

CEO, 사장, 직원.

대한민국 아버지의 현실

아주 잘 나가는 삼성에 다니다 퇴직한 사람을 보자.

55살 되어서 퇴직했고 10억 원을 모았다. 집 사는 데 5억 투자, 나머지 5억으로 대부분 사업을 하는데 90% 이상이 요식업에 뛰어든다. 하지만 대한민국 상위 1%만 성공한다. 1년 만에 망하고 전전긍긍 한다. 집에서 인정받지 못한다. 3만 명이 일한다는 대리운전, 나이 먹으면 웬만한 고시보다 경쟁이 치열하다는 폐품 수거, 지금도 길거리엔 할아버지와 할머니들 간에 박스와의 전쟁을 하고 있다.

독거노인, 우울증, 자살, 사망…

한 출판사가 '당신의 인생에서 가장 소중한 것은?'이라는 내용으로 지난 6개월간 진행한 설문조사 결과를 보자.

1위 가족

2위 사랑

3위 나

4위 엄마

5위 꿈

6위 친구

7위 행복

8위 사람

9위 믿음

10위 우리


돈은 16위, 아버지는 23위다.

엄마보다 한참 아래, 돈보다는 조금 아래에 아버지가 올랐다고 한다. 그래도 아버지가 순위에 들어있다는 사실에 위안을 삼아야 하나?

이밖에 26위 실패, 30위 책, 39위 오늘 등이 있다.

스마트폰을 잠시 내려놓고 창 밖을 바라보며 천천히 생각해 볼 일이다.

문득 아들이 무척 보고 싶다.

이 세상의 모든 아버지들이 자녀의 훌륭한 모델이 되기 위해 노력하고 있다.

하지만 성공한 아버지들은 무엇이 성공이냐고 반문한다면, 글쎄… 세상에서 흔히 말하는 잣대로밖에는 설명할 수 없을 것이다.

행 복 한

동       행

훌륭한 직업을 갖고 있거나 경제적인 부를 쌓고 사회적 명성을 이룬 사람….

하지만 성공이란 그런 것만은 아닌 것 같다. 가난해도, 저명하지 않아도 멋진 인생을 살고 있는 성공한 아버지들도 많다.

그들 중에는 자신과 같은 인생을 살기를 바라는 아버지도 있을 것이고 자신과의 다른 인생을 살기를 바라는 아버지도 있을 것이다.

하지만 성공한 아버지든 그렇지 못한 아버지든 이 세상 모든 아버지들의 자녀에 대한 마음은 한결같다.

내가 아들에게 나의 인생 경험담이 담긴 책을 통해 보여주고 싶은 것이 바로 그것이다.

아들아 야망을 가져라!!!

그리고 명심해라 자기가 해야 할 일을 알면서도 그것을 하지 않는것
은 너의 삶을 포기하는 거와 같다

# 성공하려면 실천해라

'교토삼굴(狡兎三窟)'이라는 사자성어가 있다.

'토끼는 도망갈 구멍을 세 개 파 놓는다.'는 뜻으로 사람으로 치자면 구멍 한 개가 우리의 직업이다. 그 구멍이 막히면 노숙자가 되는 것이다.

서울역이나 평택역에 가면 거지 노숙자들이 많다. 그렇다면 그 사람들은 처음부터 거지였을까? 대부분이 평범한 가장들이었다. 그러나 자신이 하는 직업이 구멍이 막혀서 노숙자가 된 것이다.

"한 가지를 잘 하는 사람은 똑똑한 사람이고, 동시에 두 가지를 잘하는 사람은 된 사람이며, 세 가지를 잘하는 사람은 난 사람이다."라는 말이 있다.

우리는 난 사람이 필요는 없어도 된 사람이 돼야 먹고 살 수 있는 시대에 살고 있다.

안일하게 현실을 간과한다면 미래에 노숙자가 될지도 모른다.

구멍 하나 뚫기도 힘들다. 그런데 구멍은 두 개 뚫으려면 많은 노력을 해야 한다.

남하고 똑같이 살아서는 결코 두 개의 구멍을 뚫을 수 없다.

국가가 우리를 도와주지 않는다. 우리들 스스로 마인드가 깨어져야 한다.

오늘도 나는 성공하는 방법을 찾고 있다.

뭐가 달라도 남들과 달라야 한다.

다른 모든 사람들이 하고 있는 것을 그대로 따라만 해서는 탁월한 경제적 성과를 달성하는 것이 불가능하다. 또한 남들과 똑같이 행동함으로써(정상적이기를 바라면서), 비정상적인(탁월한) 결과를 기대할 수 없다(You can't be 'normal' and expect 'abnormal' returns).

–제프리 페퍼 교수–

남들과 달라지기로 작정한 사람은 '안 돼!'라는 말을 음악처럼 들어야 한다. 'No!'라는 말을 전화벨 소리처럼 자연스럽고 당연하게 받아들일 수 있어야 자기 생각을 끝까지 밀고 나갈 수 있다.

　　어차피 이 세상에 95% 사람들은 안정을 추구하는 평범한 사람들이다. 그러다 보니 자신들과 다른 꿈을 추구하는 사람들을 '엉뚱하다', '괴짜다', '정신 나갔다'라고 말을 하는 경향이 있다.

　　그러나 5%의 승리자들은 남들이 가지 않는 새로운 길을 개척해서 수많은 사람들을 그 새로운 길로 인도하는 사람들이다. 처음에는 수많은 반대에 부딪히지만 결국은 그 5%의 사람들이 거대한 부를 형성하고 변화의 흐름을 주도해 왔다는 사실을 역사는 증명하고 있다.

# 점점 실망스러운 국가

사람들은 부자도 아니면서 부자가 될 꿈에 부풀어 있고, 분배로 부자가 되지 못할까 봐 부자 편을 든다.

일주일에 60~70시간 일하며 소작농과 다름없는 생활을 하면서 큰 지주 밑에 종살이 하는 걸 자랑스러워한다.

노골적으로 기업 편, 부자 편을 드는 입법사법 행정부는 갈수록 가관이며 남이 조금 더 받는다고 이기적 집단이라고 같이 못살자고 공무원연금 조정을 지지한다.

북쪽은 삼대 째, 어린놈이 설치고 있고

남쪽은 이대 째, 시대에 역행하고 있다.

글을 쓰는 자유는 점점 줄어들고 감시는 심해졌으며 국민들은 저항할 힘도 없다.

지역감정은 갈수록 심해지고, 서민세금은 올라가고, 빈부격차는 심해지고, 가난은 대물림된다.

방송 통신 언론은 중립을 잃고, 야당조차 힘을 잃고 열등감과 패배에 젖어있으며, 애들이 죽어도, 군인이 죽어도, 처벌받거나 책임지는 윗사람은 없다.

드라마는 재벌이야기만 나오고, 그들을 욕하며 동경하고, 외제차, 샤넬백을 차길 원하며, 모든 잣대는 돈이다.

결혼은 천문학적인 빚으로 시작하며, 사람의 용모도 자본으로 결정되며, 전부 다 이뻐지고 잘생기길 원한다.

기자들은 실종된 아이의 부모님께
심정이 어떠냐고 질문

행  복  한

동      행

성매매 특별법이 시행되었지만 퇴폐업소는 도시 어딜 가나 있으며, 교회는 그만큼 많지만 목사는 벤틀리를 타고 권리금을 받고 교회를 판다.

대학생은 대기업에 들어가는 것이 인생의 목표이며, 모든 자격증은 하향 평준화되고. 임대업은 만인의 꿈이다.

조롱과 비아냥이 자식을 잃은 부모 앞에서도 가능하며, 나치의 SS 친위대와 같은 무리들이 가스통으로 곤봉으로 시민을 위협한다.

이런 사회에 분노하지만 조금이나마 지위가 높아지면 현실에 안주하고 아주 조금 떼어주는 떡고물에 이전의 고통을 잊고 기뻐한다.

일인당 통신비는 호주와 비슷하나 국민 소득은 약 삼분지 일.

과자는 질소와 종이포장이 더 많고, 버는 돈은 월세와 이자, 식비와 기름값으로 다 나간다.

내가 하는 노동의 대가는 누가 가져갈까? 내가 내는 세금은 어떻게 쓰이는가? 사상최대의 영업이익이라며 왜 우리는 가난할까? 그들이 날 위해 무엇을 해 줄 수 있는가? 난 그저 열심히 살고 있는데….

게으른 사람은 핑계를 찾고 부지런한 사람은 방법을 찾는다.

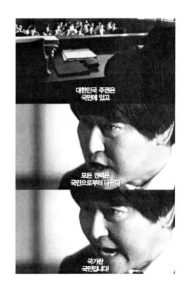

# 나의 귀

세상의 소음이 갈수록 시끄럽게 들린다.
듣고 싶으면 잘 들리지만
듣고 싶지 않아도 그냥 들린다.

듣고 싶은 소리는 점차 줄어들고
듣고 싶지 않은 소리는 점점 많아지는 세상
그래도 들리는 소리를 듣지 않기 위해
귀를 막을 수는 없는 노릇

말하고 싶지 않으면 입을 막으면 되지만
듣고 싶지 않으면 귀를 막을 수는 없다.
한 귀로 듣고
한 귀로 흘리기에는
너무나 소음이 많은 세상

행 복 한
동   행

듣고 싶지 않아도
어쩔 수 없이 들리는 소리는
한 귀로 듣고 한 귀로 흘려보내자고 다짐을 하지만
그게 잘 되지 않는 현실.

그래도 내 귀는 세상을 향해 열려 있다.
듣고 싶지만 들리지 않는 소리
소리는 나는데 내가 듣지 못하는 소리
그 소리를 찾아 내 귀를 활짝 열어야겠다.

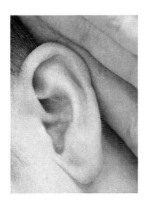

# 참무도인이란?

세상이 고요 속에 잠들어 있을 때 깨끗한 거리를 만들기 위해 애쓰고 있는 사람들이 있었다. 우리는 그들의 존재를 모르고 잠들어 있는 그 시간에 그들은 움직이고 있었다.

나에겐 자신감이 없어 시작된 태권도. 그저 태권도가 좋아 보내온 세월.

나는 유년 시절 스승님에게 참무도인은 마땅히 지켜야 할 이치를 바르게 행해야 한다고 배웠다.

지금의 내가 직접 태권도장을 운영하면서 여러 단체 태권도대회 및 타 무도대회 초청받아 심사위원으로 소개를 받은 적이 있다.

대회에서 난 단체장들에게 무도인 박병호라고 소개받은 적이 있다 누구나 무술을 하는 사람은 무도인이라고 소개받는다.

지금 와서 생각해 보니 내가 과연 참 무도인이 불릴 만큼 큰 그릇이 되는 참 무도인일까?

부끄럽고 경솔한 처신이었다는 생각이 들었다.

무술을 배운 자라면 누구나 무도인이라고 부른다.

행 복 한
동 행

무도인은 두 종류로 분류된다고 본다.

먼저 무술실력이 고수라 할 만큼 뛰어난 사람이 있고, 또 하나는 인간성과 선을 행하는 것으로 바른 인성을 갖춘 올바른 사람이 있다.

무술실력 여부에 상관없이 교만과 아집과 비인격자인자로서 신의와 신뢰성을 상실하고 이해타산에만 눈이 먼 비겁하고 야비한 소위 양아치라 불리는 무인도 있다.

그래서 무도인은 아무나 영광스런 호칭을 부여할 수 없다.


참된 무도인의 십계명


1. 항상 도복을 가까이 하고 즐겨 입어야 한다.

2. 무술에 대한 열정과 수련을 게을리 해서는 안 된다.

3. 무술에 대한 이해와 소신과 철학을 가지고 있어야 한다.

4. 상대를 배려하고 인정할 줄 아는 포용의 자세를 갖춰야 한다.

5. 사제지간의 신뢰와 바른 교육의 자세를 갖춰야 한다.

6. 사범은 지도자로서의 자세 제자는 배움의 자세를 갖추고 있어야 한다.

7. 스승과 제자 동료와 선후배 간에 존경과 사랑 신의를 지키고 겸손해야 한다.

8. 충효정신이 투철하고 봉사와 정의로운 정신을 갖춰야 한다.

9. 무도인의 약속은 천금과 같다. 어떤 약속이라도 반드시 지키는 확고한 신념이 있어야 한다.

10. 남을 기만하고 자신의 이익만을 챙기는 비겁한 행동을 하지 말

아야 한다. 재화욕과 이해타산에 젖어 무도인의 정신과 명예를 훼손
하는 행위를 해서는 안 된다.

우리나라에서 참된 무도인의 호칭에 걸맞는 자격과 인정받을 수 있
는 사람은 몇 명이나 될까?

지금 걸어가고 있는 이 길이, 더 단단한 지도자가 되기 위해 애쓰고
있는 이 시간들이 때로는 힘겹고 누가 알아주나 하는 서운한 마음들
이 나도 모르게 쌓일 때도 버티고 또 이겨낼 것이다.

아이들의 웃음이 좋아 시간가는 줄 모르고, 나의 가르침 속에 아
이들이 변해가는 모습에 만족과 뿌듯함을 느끼는 나는 태권도 지도
자다.

끝으로 나는 참무도인인가를 스스로 반문하고 고민하면서 참된 무
도인이 되기 위해 오늘도 열정의 땀과 책을 게을리 하지 않는다.

# 밀어내지 말고
# 끌어당기라

그는 태어날 때 두 팔이 없었다.
두 다리도 없었다.
대학에 갈 수 없다고 생각했다.
직장을 가질 수 없다고 생각했다.
한 여자와 사랑을 하며 결혼할 수도,
아이를 낳을 수도 없다고 생각했다.

하지만 스케이트보드를 타고,
1분에 43단어를 타이핑하고,
드럼을 연주하고, 요트를 운전하고,
스카이다이빙을 한다.
대학에서 회계와 경영을 전공하고,
사회단체의 대표로 재직하면서
세계 방방곡곡의 많은 사람들에게
희망을 전하고 다닌다.

비록 팔과 다리는 없지만
날개가 있음을 알았기 때문이다.
눈에는 보이지 않지만
믿음의 날개를 달고 기적을 일으키는
그는 우리에게도 널리 알려진
닉 부이치치이다.

그도 한때 세 번이나 자살을 시도했다.
자신만큼 불행한 사람은 없다고 생각했다.
하나님이 자신을 사랑하지 않기에
남들과 다른 몸으로 태어나게 했다며
원망하며 등을 돌리기도 했다.

그러나 어느 날 깨달았다.
자신에게 팔다리를 주지 않은 것은
특별한 임무를 주기 위해서라는 것을.
자신에게 시련과 고난을 준 것은
하나님이 자신을 사랑하지 않아서가 아니라
마련해둔 다른 일들을 주기 위한 것임을.

자신의 가치를 깨달은 이후
마음가짐과 행동이 달라졌다.
자신을 소중하게 여기기 시작했다.

행 복 한
동      행

자신을 사랑스럽게 여기기 시작했다.
자기 자신을 사랑하고 인정하기 시작하자
남들도 자신을 사랑하고 인정해 주었다.


그래서 그는 말한다.
"밀어내지 말고 끌어당겨라."
자신 안의 좋은 운명을 끌어당기라는 말이다.
누구에게나 아름다운 가치가 있으니
그 소중한 가치를 밀어내려 하지 말고
자신에게로 끌어당기라는 말이다.
사주팔자는 변하지 않지만 사주풀이는 변한다고 했다.
자신의 운명을 절망으로 풀이하면
자신에게 있는 좋은 운명도 밀어내려 한다.
자신의 운명을 희망으로 풀이하면
자신에게 있는 좋은 운명을 끌어당기려 한다.
내가 희망을 밀어내면 희망이 떠나간다.
내가 행복을 밀어내면 행복이 떠나간다.
내가 사랑을 밀어내면 사랑이 떠나간다.


내가 희망을 끌어당겨야 희망이 다가온다.
내가 행복을 끌어당겨야 행복이 다가온다.
내가 사랑을 끌어당겨야 사랑이 다가온다.

내 안의 희망과 행복, 사랑을 밀어내지 말고
나에게로 끌어당기는 오늘이면 좋겠다.
그리고 잠자기 전 불만을 밀어내지 않고 끌어당겨
좋은 불만 만들기를 연습해 본다.

　　행운이 찾아오지 않는 데에는 그럴 만한 이유가 있다. 행운을 움켜
쥐려면 미리 준비를 해야 한다. 행운을 맞이할 준비는 자기 자신밖
에 할 수 없다. 그리고 그 준비는 누구나 당장 시작할 수 있다

행　복　한
동　　　행

Story 80

# 내공이 쌓이는 징조

요즘은 내공다지기가 나의 가장 큰 화두 중에 하나이다.

지금까지는 새로운 첨단의 지식을 배우고, 더 좋은 방법을 찾아나가는 것이 목표였지만

이제는 배움보다는 지금까지 배운 것을 진정한 내 것으로 만드는 것에 집중하려 노력한다.

여기서 내가 성장하고 있는 징조, 배움이 진정한 내 것이 되는 내공다지기를 하고 있다는 바로 잔소리가 없어지는 것이다.

우리는 늘 남에게 "넌 틀려!", "내 말대로 해!" 하고 말을 한다.

자신의 깨달음이 얕은지를 모르고, 자기가 아는 것이 전부인 듯 말하는 경향이 있다. 이런 사람들은 내공이 약한 것이다.

내공이 깊은 사람은 다름을 인정할 줄 안다. 그리고 문제는 나였구나 하고 깨닫는다. 오히려 내공 있는 사람은 이렇게 말한다.

"아, 그렇군요. 제가 많이 배웠습니다."

그리고 그렇게 아는 것에 그치지 않고 그 배움을 몸으로 실천하는 사람이 바로 내공이 깊은 사람이다.

231

오늘도 나는 노력하고자 한다.

말을 줄이면서 그것을 진정 가슴 깊이 깨닫고 나아가서는 몸으로 실천하며 끝내는 몸으로 말하는 사람이 되고자 한다.

당신이 배워야 할 것이 무엇인지 알려줄 수 있는 사람은 없다.

그것을 발견하는 것은 당신만이 할 수 있는 여행이다.

행 복 한
동    행

# 믿는 만큼
# 강해지고 싶다

우리가 사는 세상 사람들은 강해 보이기 위해 말투나 태도를 공격적으로 하는 사람들이 있다. 자신의 약함을 감추기 위해 일부러 위협적인 태도를 취하는 것이다.

나이가 들면서 나는 나 자신이 가지고 있는 나약함에 대처하는 방법을 아주 자연스럽게 알게 되었다. 그 방법이란 바로 남들 앞에서 강해 보일 필요가 없다는 것이었다. 있는 그대로 내가 가지고 있는 약점을 인정하고 가능한 한 유리하게 바꿔 보자고 생각한 뒤에야 열등감에 벗어날 수 있었다.

한계의 끝은 어디까지인가?
담원 박병호가 끝까지 꼴인한다...

강하게 보일 때가 사실은 가장 약할 때이기 쉽다. 진짜 힘이 있는 사람은 칼을 쉽게 뽑지 않는다. 자신의 강점부터 드러낼 필요는 없다. 애써 강점을 드러내지 않아도 서서히 드러나기 마련이다.

　약점을 당당하게 드러낼 줄 알아야 한다. 그리고 약점이 강점이 되게 하여야 진정 강한 사람이다.

　나는 겸손은 성공한 자가 누리는 특권이라는 말에 깊이 공감한다. 유와 부드러움은 진실로 강한 자만이 가질 수 있는 모습이다.

　누구나 한계는 있다!
　가장 내가 힘들 때를 떠올려 본다.
　아니 더 깊이 깊이 힘들 때를 회상한다.

　더 이상 갈 수 없는 한계,
　더 이상 오를 수 없는 한계는 있다.
　그런데 그 한계가 어디인지는 잘 모른다.
　사람들마다 생각하는 한계가 다르기 때문이다.

　한계가 어디인지를 생각해 보니
　더 이상 갈 수 없다면 한계이다.
　더 이상 오를 수 없다면 한계이다.
　자신이 더 이상 갈 수 없다고 생각하는 곳,
　자신이 더 이상 오를 수 없다고 생각하는 곳,
　바로 그곳이 자신의 한계이다.

　그래서 더 갈 수 있다는 믿음과

행 복 한
동　　행

더 오를 수 있다는 믿음이 있으면
그곳은 한계가 아니다.

길을 가다가 넘어질 수도 있다.
산을 오르다가 미끄러질 수도 있다.
그렇다고 그곳이 한계는 아니다.
넘어졌는데 일어서지 않으면 한계이다.
미끄러졌는데 다시 오르지 않으면 한계이다.
자신이 포기하고 주저앉은 곳이 한계가 된다.

넘어지더라도 다시 일어서면 한계가 아니다.
미끄러지더라도 다시 도전하면 한계가 아니다.
그래서 다시 일어설 수 있다는 믿음을,
다시 오를 수 있다는 믿음을 잃지 않는 한
결코 한계에 부딪히지 않는 것이다.

한계라고 생각될 때가 있는가?
더 갈 수 있다고 자신을 믿으면
더 갈 수 있는 힘이 생긴다.
더 오를 수 있다고 자신을 믿으면
더 오를 수 있는 힘이 솟는다.
믿는 만큼 한계가 없어진다.
믿는 만큼 강해진다.

나는 나를 믿는다.

더 갈 수 있다고 믿는다.

더 오를 수 있다고 믿는다.

그럼으로써 한계가 없는 내가 된다.

나를 믿는 만큼 강한 내가 되고 싶다.


나의 단점을 발견하는 것이 시작이고,

그 단점을 잘 돌봐주는 것이 두 번째이며,

'나는 조금씩 이렇게 나아지고 있구나.' 하고 격려하는 것이 세 번째

이다.

행  복  한

동       행

# 된다고 말하라

"된다고 말하게."

−영화 '명량'에서 이순신의 말−

영화를 보다가 좋은 대사 하나를 얻을 때가 있다.

특히, 흥행하는 영화에는 분명 가슴을 울리는 대사가 담겨 있다.

가장 짧은 기간에 천만 관객이 본 영화, '명량'에서도 몇 개의 명대사가 있었다.

"장수된 자의 의리는 충을 좇아야 하고, 충은 임금이 아니라 백성을 향해야 한다."는 대사는 오늘날 우리 사회가 갈망하는 리더의 조건을 대변한다.

"죽을 각오를 하면 살고, 살려고 하면 죽는다."는 대사는 위기가 닥치면 먼저 살기 위해 도망가

12 vs 330

그가 극복한 것은 단지 수적 열세만이 아니었대
불가능 상황에서 비롯됨 편견과 두려움,
그리고 거기서 부터 시작된
인간 본연의 나약함이었다 !!!
−영화 명량 을 보고

는 현실의 리더들을 꾸짖는 듯하다.

여러 명대사들 중에서 나에게 하는 것 같은 대사도 있다.

갑판 위의 화포를 노 젓는 곳으로 모조리 옮겨 집중해서 쏘려는 이순신의 계획에 "그러다 다 죽을 수도 있다."며 두려워하는 수군에게 이순신이 강하게 내뱉은 말 한마디이다.

"된다고 말하게."

영화 속의 이순신은 그전에 말했다.

"독버섯처럼 번진 두려움이 문제다. 두려움을 용기로 바꿀 수 있다면, 그 용기는 백 배, 천 배로 나타날 것이다."

이순신은 독버섯처럼 번진 두려움을 용기로 바꾸는 방법을 찾기 위해 노력했고, 마침내 그 방법을 찾아내 부하에게 알려 주었다.

"된다고 말하게."

어떤 일을 하기 전에 '된다'고 먼저 말하면 된다.

마음속에 있던 두려움과 공포가 사라지고 그 자리를 자신감과 용기가 채운다. '된다'는 말은 일을 되게 만드는 마법의 말이다.

될 수 있을지 의심하는 우리에게, 실패할지 모른다며 불안해하는 우리에게, 모든 것을 잃을 것 같은 공포에 휩싸인 우리에게 그래서 현실에서 도망치려고만 하는 우리에게 이순신은 오늘도 버럭 소리를 지른다.

"된다고 말하게!"

예전에 주변 사람들이 내게 이런 말을 자주 했었다.

"당신의 상상 속 현실은 실제로는 불가능합니다."

"그렇게 될 수 없습니다."

행 복 한
동      행

그럴 때마다 난 된다고 말했다.

나는 긍정의 말을 믿기 때문이었다.

긍정의 말은 곧 마법이다.

시간이 지나 지금의 내가 된다고 했던 말들이 조금씩 조금씩 이루어져 가고 있다.

지금 쓰고 있는 나의 글 또한 내가 된다고 했기 때문에 글을 쓰고 있는 것이다.

무엇이든 간절하면, 가슴에 품으면 된다.

다른 사람들이 NO라고 할 때 난 된다고 말한다.

사람들은 헤아릴 수 없이 많은 방식으로 '아니오!'라고 말할 것이다. 100개의 문을 두드렸는데 모두가 '아니오!'라고 말한다 해도 101번째 문 앞에 섰을 때는 첫 번째 문을 두드렸을 때와 똑같이 열정적이어야 한다. 기회는 101번 째 문에서 찾아올지도 모르기 때문이다.

–제프리 폭스, 'CEO가 말하는 것'–

# 나는 운이 좋은 사람이라는 말을
# 입에 달고 평택에 왔다

나는 평택에 가면 꼭 성공할 거야!
3년 안에 결혼도 할 거야!
그리고 나의 체육관을 꼭 만들 거야!

　나는 이렇게 수십 번, 수천 번 외치며 살았다. 그래서 평택에 올 수 있는 용기가 있었고 또 결혼도 할 수 있었고 꿈에 그리던 체육관도 가질 수 있었다.

　의학적으로도 증명된 플라시보 효과란 것이 있다. 병의 증상과는 아무 관련이 없는 약을 주면서 '이 약을 먹으면 확실하게 낫는다.'고 말해 주면 대부분의 환자들은 병이 호전된다는 것이다. 의사나 약사 등 그 병에 대해 권위가 있거나 신뢰성이 높은 사람의 말이라면 더욱 효과가 있는데, 이는 일종의 자기암시 효과인 셈이다.

　삶에서도 이 같은 자기암기는 그대로 적용된다. 나는 운이 좋다고 적극적으로 생각하면 되고 운이 없다고 생각하면 정말 운이 없다. 문제는 남이 볼 때뿐 아니라 스스로 혼자 있을 때도 진심으로 그렇게 생각하고 행동해야 한다는 것이다.

세상에서 대적하지 못할 놈은 운 좋은 놈이란 말이 있다. 하지만 운이야 말로 마음에서 비롯되는 것이고 마음은 자신의 생각에서 비롯되는 것이다.

내 주위에 있는 많은 성공한 분들은 공통점이 있다. "나는 할 수 있다", "나는 운이 좋은 사람이다", "나는 성공했다" 이 같은 자신감 담긴 주문을 걸고 출발하는 아침은 하지 않은 날과 확실히 다르다는 게 그들의 고백이었다.

사람은 살면서 18세까지 14만 8천 번의 부정적 말을 듣는다고 한다. 반면에 긍정적 언사는 수천 번밖에 듣지 못한다. 그것의 불균형을 맞추려면 자신에 대한 긍정적 언사를 하루에도 수십 번, 수천 번을 반복해 주문을 걸어야 한다.

평소에 운이 없다고 하시는 분들께 운도 스스로 좋다고 생각하는 사람에게만 찾아오지, 스스로 운이 없고 되는 일 없이 꼬이기만 한다고 생각하는 사람에겐 절대 찾아오지 않는다고 꼭 말해 주고 싶다.

자신을 믿고 격려하고 칭찬하는 습관을 가지지 않은 이상, 진정으로 운 좋은 사람이 되기란 정말 힘들다.


난 성공할 사람이다.

그러니 지금의 밑바닥 인생이 좋다.

그래야 난 위로 올라가고 성공이란 걸 할 수 있다.

처음부터 내가 모든 것을 지녔다면

그건 원래 내가 타고난 거지 성공이 아니다.

난 지금 상황이 꽤 만족스럽다..

세상은 나에게 성공할 수 있는 기회를 주었고,

난 성공할 사람이다.

행 복 한

동 행

# 행복해지는 비교를 하라

유년 시절 나는 가난이라는 단어 때문에 늘 힘들어 했다.

왜 우리 집은 가난할까? 남들처럼 좋은 옷, 좋은 신발, 맛있는 음식을 먹지 못할까? 내가 만약 부잣집에 태어났음 어떻게 되었을까? 이런 저런 상상을 하였다.

오히려 평범한 가족생활조차 하지 못해 나는 늘 외로웠다. 1남 2녀에 난 장남으로 태어나 모든 걸 받아들여야 하는 상황과 내가 감당하기엔 너무 큰 충격의 사건도 내가 장남이다 보니 해결해야 했었다.

너무 어린 나이에 폭풍 같은 돌풍이 지나갔는지 나는 어느새 나이에 맞지 않는 행동과 생각을 가지게 되었다. 가끔은 늘 혼자서 라디오 들으며 산책하는 시간을 유년 시절에 보내서 그런지 남들보다 조금 더 감성

이 풍부해진 것 같다. 그리고 늘 태권도장 가는 시간만큼은 행복했었다. 나의 친구처럼 나의 힘든 몸을 받아주었던 유일한 태권도장이었다. 시간이 지나 지금 알게 되었지만 어려움 속에서도 희망만은 놓지 않았다.

가난 때문에 중학교 2학년 때부터 신문을 돌리며 돈을 벌어야 했다. 어느 날, 나는 태권도장에서 운동하고 땀 흘리는 게 일상이 되어버렸다.

어려운 상황에 있었고 힘들게 자랐지만, 절대 나쁜 길로 가겠다고 생각하지 않았다.

나는 성공하겠다. 진짜 더 열심히 살겠다는 생각을 더 많이 했었다.

그때부터였던가? 불행은 비교에서 시작된다고 중학교 2학년 때 신문사 사장님께서 내게 좋은 말씀을 해 주셨다. 너 자신을 있는 그대로 받아들이고 힘들지만 긍정적으로 살아라!

하지만 비교하지 않고 사는 건 어렵다.

아무리 예전보다 잘살게 되었다고 해도 자신보다 더 잘살게 된 사람이 있기 마련이다.

아무리 자신이 멋지다고 스스로를 위로해도 자신보다 더 멋진 사람들이 있기 마련이다.

그걸 못 본 채 고개 돌리고 산다는 건 어렵다.

그래서 우리는 비교를 하게 된다. 자신의 직업을 남의 직업과 비교하고, 자신의 지위를 남의 지위와 비교하고, 자신의 재산을 남의 재산과 비교하고, 자신의 가족을 남의 가족과 비교한다.

비교 자체가 문제가 아니라 비교의 기준이 문제이다.


행 복 한
동       행

자신이 남보다 잘난 것을 보지 않고 남이 자신보다 잘난 것만을 보니 문제이다.

남이 자신보다 못난 것을 보지 않고 자신이 남보다 못난 것만을 보니 문제이다.

이제 문제를 알았으니 잘 비교해 삶의 답안지에 답을 써야 한다.

감사와 기쁨이 절로 나오는 답을 쓰면 쓸수록 나의 행복 점수는 나날이 높아질 것이다.


중요한 것은 일등이 아니라

너 자신이 좋아하는 일을 하는 것이다.

남을 따라하지 마라. 자신을 믿고

홀로, 천천히 그리고 자유롭게

아무도 가지 않은 자신만의 길을 가라.

# 내가 매일 글을 쓰는
# 세 가지 이유

첫째, 나 자신과 대화하기 위해서 글을 쓴다. 글은 무엇보다도 자신과의 암묵적 대화 기록이다. 무엇인가를 쓰려면 우선 침묵을 유지하고 고독한 상태에서 머릿속에 들어있는 생각을 꺼내고 가슴 속에 내장된 느낌을 끄집어내는 외로운 노력이 필요하다.

시끄러운 세상바닥에서 받은 느낌, 세상을 관찰하면서 들어온 생각도 도망가기 전에 메모해 놓았다가 당시의 상황을 상상해보고, 그 때 내가 무엇을 생각했으며 느꼈는지를 바둑의 복기처럼 반추하고 성찰하는 시간을 갖게 된다.

글을 쓰는 과정은 나 자신과의 대화시간이 될 수 있을 뿐만 아니라 다른 사람 입장에서 그 사람은 어떤 생각을 했을지를 역지사지 입장에서 상대와 대화하는 시간이기도 하다.

나아가 글을 쓰는 과정은 내가 주목했던 특정 상황이나 사건, 내가 관심을 갖고 관찰하는 사물과도 대화하는 시간이다. 글을 쓰는 과정은 묵언의 대화시간이지만 박장대소의 시간이 되기도 하고, 상대의 아픔을 함께 아파하는 시간이기도 하며, 꿈꾸는 미래를 더불어 생각해보는 시간이기도 하다. 글을 쓰기 시작하면 오로지 나 자신과 침묵의 대화시간을 즐길 수 있다.

둘째, 쓰면 쓰임이 달라진다. 보고 느끼고 생각한 것을 글로 쓰지 않으면 모래알처럼 여기저기 관념의 파편이나 의미 없는 느낌 조각으로 야적되기 쉽다. 막연한 생각과 느낌도 글로 적는 과정에서 적절한 단어를 선택하고 조합하며 배열하는 가운데 선명하게 정리된다. 생각한 바를 처음 쓰기 시작할 때는 본인이 생각해도 창피하고 부끄러울 정도라고 생각하지만 일단 쓰다보면 어설픈 글도 서서히 자리를 잡아가고 이전과 다른 단어가 생각나서 표현방식이 달라지기도 한다.

하얀 백지를 놓고 생각에 생각을 거듭할수록 머릿속도 하얘진다. 말이 되지 않아도 좋다. 무조건 생각나는 대로 써놓고 생각하면 이전의 글보다 훨씬 멋진 문장으로 변해 가는 것을 느끼게 될 것이다. 쓰지 않고 좋은 글이 써지지 않는다고 한탄만 하지 말고 써 놓고 수정하면서 글을 완성해 나가는 과정을 반복하다 보면 개념선택이나 조합, 문장 구성력 등이 몰라보게 달라질 것이다.

때와 장소를 가리지 말고 메모하고 사진으로 찍은 다음 시간을 확보해서 짧은 시간만이라도 메모한 기록과 찍은 사진을 놓고 글을 써 보자. 의미를 부여하고 쓰다보면 하찮은 메모나 한 장의 사진일지라도 쓰임이 확실하게 달라진다.

셋째, 글을 쓰면 생각근육이 단련된다. 쓰면 이전과 다른 생각을 할 수 있다. 똑같은 일을 경험하고도 누군가는 작은 경험에서도 의미심장한 교훈을 이끌어내고 누군가는 그렇지 못한 이유는 경험한 것을 글로 표현하는 연습을 하지 않기 때문이다.

내가 목격한 사건, 직면한 위기, 봉착한 문제 상황을 적절하게 표현하는 어휘가 없으면 언제나 늘 쓰는 개념으로 자신의 체험을 틀에 박힌 방식으로 표현할 수 있을 뿐이다.

틀에 박힌 표현은 틀에 박힌 언어선택에서 유래되고, 틀에 박힌 언어선택은 틀에 박힌 생각을 강화시킬 뿐이다. 글을 쓰면 똑같은 일을 체험하고도 다른 언어로 표현하려고 노력하는 가운데 생각근육이 이전과 다른 방법으로 단련된다. 남다른 생각을 하고 싶은가? 보고 듣고 생각하고 느낀 점을 일단 쓰고, 쓴 글을 이전과 다른 방식으로 표현을 바꾸려고 애쓰는 가운데 생각의 때는 벗겨지고 생각근육이 유연해진다.

이렇게 글을 쓰고 나면 나를 고쳐 나갈 수 있는 마음의 근육이 생기게 된다.

매일매일 마음을 다스려야 하는 이 험한 세상 그 누가 나를 도와주리요!

나의 글….
나의 소통….
나의 심장….

무엇이든 내 마음을 표현할 수 있는 글, 숱한 삶의 애환과 정겨움이 있는 글, 아랫목처럼 따끈한 정을 나눌 수 있는 글, 한 이불 속에서 여러 명이 함께 이야기를 나누며 밤을 지새우는 가슴 따뜻한 글이고 싶다.

행 복 한
동      행

# 본다는 것은
# 읽는다는 것이다

사람의 얼굴을 보고 그 사람의 마음을 읽고 세상의 보이는 변화를 보고  보이지 않는 변화의 이면을 읽고 먹구름이나 천둥이나 번개를 보고  비가 올 것임을 읽고 작은 징후나 조짐을 보고 커다란 변화가 몰려 올 것임을 읽는다.

늘 똑같이 보는 사람은 똑같이 세상을 읽는다. 틀에 박힌 눈으로 보는 사람은 틀에 박힌 방식으로 읽는다.

세상을 다르게 읽고 싶은가? 그럼 세상을 다르게 봐야 한다.

세상을 다르게 보고 싶은가? 그럼 세상을 다르게 읽어야 한다.

이처럼 세상을 보는 일과 세상을 읽는 일은 톱니바퀴처럼 엮여져 있어서 다르게 보려면 다르게 읽은 앎이 있어야 하고 다르게 읽기 위해서는 다르게 보는 방식을 바꿔야 한다.

특히 보는 것을 바꾸고 본 것에서 다르게 뭔가를 이끌어내기 위해서는 내가 지금까지 읽은 앎을 통해 축적된 인식의 깊이와 넓이가 바뀌어야 한다.

내가 보는 것은 지금까지 내가 본 역사적 기록과 경험, 시력에 의존

할 수밖에 없다. 아무리 멋진 광경이나 의미심장한 장면을 봤어도 그 것을 읽어낼 수 있는 인식의 지평과 깊이가 없다면 그저 어제 봤던 방 식대로 보일 뿐이다. 보이는 것만 보면서 틀에 박힌 방식대로 세상을 읽을 수밖에 없다.

반복되는 일상에 서도 다른 것을 읽 고 싶고 어제와 동일 한 현상이지만 거기 서도 뭔가 다른 것을 읽어내려면 나의 앎 이 바뀌어야 한다.

그 앎의 체계와 구조를 바꾸는 가장 강력한 방법이 바로 독서다.

그래서 남다르게 읽지 않으면 늘 남을 읽기 전에 읽히는 삶을 살 수 밖에 없고 세상을 남다르게 읽고 남다르게 구상한 사람의 사유체계에 구속되어 살아갈 수밖에 없다.

읽지 않으면 읽히고 읽지 않으면 많은 것을 잃는다.

# 자기 몸을 지키는
# 호신술은 꼭 배워야 한다

나는 오랫동안 태권도 및 타무도(검도, 합기도, 특공무술)를 많이 수련하면서 연구해 왔다.

내가 많은 제자들에게 가르쳐온 것은 사람으로서의 '투쟁심'이다. 그것은 태권도에 국한된 것이 아니라 매우 긴밀한 생활 속에 있는 투쟁의 마음가짐이다.

지금 세상은 언뜻 평화롭지 못하다. 자기의 몸을 지키기 위해서 많은 것들과 싸우지 않으면 안 된다.

자연재해, 교통사고, 뜻하지 않는 사고, 평소 생활하고 있는 중에서도 항상 '위험'과 등을 맞대고 있는 상태이다.

그런데 대부분의 사람들은 그 '위험'에 대하여 무관심하다. 그 무관심이 스스로 자기를 지키는 기술마저도 알지 못하는 상태를 만들어 내고 있다.

우리 대한민국은 겉보기에 평화에 듬뿍 잠겨서 마음마저 해이해져 긴장이 풀어져 있는 사람이 너무나도 많다. 위험한 환경 속에서 정신이 해이해진 사람이 많아지면 사고가 일어나는 것은 당연한 일이다.

"편안한 때에 오히려 괴로움을 잊지 않는다."는 속담이 있는데 바로 지금 우리에게 필요한 말이 아닌가 싶다.

'설마'라는 것이 현실적으로 일어나고 있는 이상, 언젠가는 자기 자신에게도 닥쳐올 것이라는 생각을 가지고 평소에 준비해두지 않으면 안 된다. 또한 생각하고 있으면 긴장하게 될 것이고 내 몸을 지키는 것과도 연결될 것이다.

나는 현재 태권도인으로서 무도를 배우는 사람들에게도 같은 말을 할 수 있다.

생각함이 없이 기술만을 추구한다면 그 마음은 배울 수가 없다. 궁극적으로 싸우지 않고 이기는 것이 최상의 방법이며 사전에 제압하기 위한 마음가짐이 가장 중요하다.

어떻게 보면 진정한 호신술이란? "상대를 다치게 하지 않고 마음으로 제압하는 것이 진정한 호신술이다"라고 말하고 싶다. 어디까지나 참고이며 이것을 기본으로 하여 자기 스스로 많은 것을 생각하고, 또 생각하는 훈련을 몸에 익혀 호신술을 통해 자기 몸을 지키는 데 도움이 되었으면 한다.

KBS 아침마당 '토요일 가족이 부른다'에서 출연해서 진정한 호신술은 무엇이냐고 묻는 질문에 "상대를 다치지 않고 마음으로 제압하는 것이 이 시대를 살아가면서 대처해야 할 현명한 방법입니다."라고 인터뷰한 적이 있다. 그때를 떠올려 본다.

행 복 한
동 행

Story 88

# 인연과 인맥

인맥은 당신이 얼마나 많은 사람을 알고 있는가가 아니고 얼마나 많은 사람이 당신을 알고 있냐는 것이다. 키포인트는 얼마나 많은 사람이 당신을 인정하고 있는지이다.

인맥은 당신이 얼마나 많이 연락하는지가 아니고 얼마나 많은 사람이 당신과 연락하길 원하는지이다.

인맥은 당신이 얼마나 많은 사람을 이용하는지가 아니고 당신이 얼마나 많은 사람을 돕고 있는지이다.

인맥은 얼마나 많은 사람이 당신 면전에서 당신에게 아첨하느냐가 아니고 얼마나 많은 사람이 뒤에서 당신을 칭찬하느냐이다.

인맥은 당신이 잘 나갈 때 얼마나 많은 사람이 당신을 떠받드는지가 아니고 당신이 곤경에 처했을 때 얼마나 많은 사람이 당신을 도우려 하는가이다.

세상에는 알음알음으로 다섯 사람만 거치면 세상의 모든 사람들은 서로 아는 사이라고 한다. 그만큼 지구촌은 인맥네트워크로 이루어져 있다.

6년 전 평택에서 처음 왔을 때 나는 정말 '아무것도' 없었다. 평택이 연고가 아니었으며 돈도 없었고 아는 사람도 전혀 없었다.

고향도 아닌 타지에서 성공할 수 있는 길은 바로 인맥이라고 생각하고 나는 돈이 생길 때마다 사람들을 만났다.

나는 태권도를 통해 많은 분들과 인연을 맺었지만 그중에 품격을 말한다면 아마도 신동점 회장님을 꼽을 것 같다. 처음 목소리를 듣는 순간 낯설지 않는 느낌이랄까?

이번 일본 대회를 통해 짧은 만남이지만 국제무도대회가 한국을 알리는 큰 전환점이 될 것이라고 믿어 의심치 않는다.

나는 신동점 회장님을 스승님으로 모시기로 했다. 그 이유는 내 생각과는 달리 윗사람을 모실 줄 알고 후배 동생들을 사랑하며 정말 사람들을 좋아하는 사람이라는 것을 알게 되었고 태권도 관장님으로써 인정과 존경을 받는 보기 드문 스승님이다. 그리고 알고 보니 고향에 계신 스승님과의 인연이 깊은 분이었다.

사람에게는 품격이라는 것이 있다.

나는 시골의 부유하지 못한 집에서 자라났고 장남으로써 부모님이 힘들게 생활하는 걸 보고 자랐기 때문에 나 또한 태권도장을 운영하면서 누가 나를 대우해 주거나 고개를 숙이는 데 익숙하지 않아 남 앞에 나서는 그런 분위기를 무척이나 어색해했고 지금도 그런 것 같다. 하지만 신동점 회장님은 자연스럽고 품어져 나오는 품격과 여유로움이 있었다.

나는 아름다운 품격을 지니는 신동점 회장님이 부럽다.

나도 그런 품격 있는 지도자가 되고 싶다.


행 복 한
동      행

신동점 회장님

전 국가대표 코치

국기원 공인9단

전국소년체육대회 부산시 대표팀 코치

전국체육대회 부산시 일반부대표팀 코치

부산광역시태권도협회경기위원장

제3회 베트남국제태권도 한국대표선수단 코치

97세계태권도페스티발 경기위원장

제14회 캐나다 세계태권도선수권 연구조사단

제81회 전국체육대회 태권도 경기장 상황실장

부산광역시태권도협회기획이사 · 총무이사

제14회 아시아경기대회 태권도경기 기록담당관

일 · 한청소년 규슈국제무도대회 공동대회장

국기원태권도9단 부산광역시 최고고단자회 사무총장

총본관 연세 서부태권도 총관장


사람은 휴먼 릴레이션(Human Relation) 없이는 사회생활을 할 수 없다.

　나는 하루에도 수많은 사람을 만나고 헤어진다. 그래서 인생은 만남과 헤어짐의 연속이다.

　그런데 만날 때는 누구나 첫인상이 좋고 옆에 있을 때는 누구나 잘해 준다.

　많은 사람을 만나다 보니 저절로 노하우가 생겼는데 특별한 인간관계를 만드려면 그 반대로 하면 된다는 것을 터득했다.

　그래서 나는 한 가지 원칙을 정했다. 만날 때보다는 헤어질 때 잘해주자는 것이다. 그리고 옆에 있을 때보다는 떠날 때 깊은 정을 주자는 것이다.

　나는 이 원칙을 활용하여 깊은 인간관계를 맺고 있다.

　진정한 우정에는 나이 차이가 필요 없다.

　있을 때 잘해주는 것은 있을 때 뿐이지만 떠날 때 잘해주는 것은 평생을 간다.

행　복　한
동　　　행

Story 89

# 헤아릴 수 없는
# 억겁의 소중한 인연

우리는 문득 가족을 생각한다. 늘 가까이 있기에 모든 것을 이해할 것이라고…. 그런데 아래의 글을 보니 지금까지의 생각에 변화가 필요함을 각성하게 된다.

눈 깜짝할 새를 '찰나'라고 한다. 손가락을 한 번 튕기는 시간을 '탄지'라고 한다. 숨 한 번 쉬는 시간은 '순식간'이라고 한다.

반면에 '겁'이란 헤아릴 수조차 없이 길고 긴 시간을 일컫는 말로 국어사전에는 천지가 개벽한 때부터 다음 개벽할 때까지의 동안이라고 했다. 힌두교에서는 43억 2천만 년을 '한 겁'이라 한단다.

우리가 살면서 만나는 수많은 사람들을 불교에서는 '겁'의 인연으로 표현한다.

2천 겁의 세월이 지나면 사람과 사람이 하루 동안 동행할 수 있는 기회가 생기고 5천 겁의 인연이 되어야 이웃으로 태어날 수 있다고 한다. 또 6천 겁이 넘은 인연이 되어야 하룻밤을 같이 잘 수 있게 되고 억겁의 세월을 넘어서야 평생을 함께 살 수 있게 된다고 한다.

지금 우리 주위에서 스쳐 가는 모든 사람들이 모두 참으로 놀라운

256

257

인연들이라고 할 수 있다. 나와 인연을 맺고 있는 모든 사람들이 그저 스쳐가는 정도의 짧은 인연이라고 해도 그들은 최소한 1천 겁 이상을 뛰어넘은 인연으로 만난 귀한 존재들이다.

그렇다면 내가 온몸과 마음을 다해 사랑하는 사람들은 긴 말이 필요 없다. 항상 내 옆에 있는 사람이 가장 소중한 인연이다. 그 사람에게 잘해 주면 된다.

지금도 이 글을 읽는 소중한 인연된 모든 분들을 위하여!

Story 90

# 감사는 곧 성공으로 이끄는 긍정의 표현이다

감사라는 단어는 느낄 감(感) 자와 사례할 사(謝) 자로 만들어졌으며 우리말 사전에는 고맙게 여기는 마음으로 풀이하고 있다. 누군가에게 감사하다는 것은 그 사람을 기쁘게 하는 것이므로 감사할 줄 아는 사람들은 항상 더 많은 것을 얻는다.

나의 주변엔 작은 친절에도 고마워하며 어떤 식으로든 감사의 뜻을 전하는 지인이 있는가 하면 고마워할 줄 모르고 부정적이며 다른 사람을 소중하게 여기지 않으며 이기적이며 배은망덕한 몇몇의 사람들도 있다.

실제로 리더십이 뛰어난 대상으로 한 설문조사에 따르면, 항상 상대방 입장에서 배려하는 자일수록 편지와 이 메일의 응답이 빠르고 감사 편지를 더 신속하게 보내는 것으로 확인된다.

우리는 왜 우리 자신에 대해 고마워하는 사람뿐 아니라 다른 사람이나 세상에 대해 감사할 줄 아는 사람을 더 따르고 좋아할까?

내가 경험하고 많은 사람들을 만나면서 감사를 늘 실천하는 사람들의 공통점 3가지를 알려드린다.

1. 감사하는 사람은 매사에 긍정적이며 다른 사람을 소중히 생각한다.
2. 작은 호의에도 당연시하지 않고 어떻게든 되갚으려 한다.
3. 그는 리더십이 뛰어나고 주위에 사람들이 많다.

감사하는 마음은 인간관계에 꼭 필요한 공식이다. 또한 신체 및 정신건강에도 아주 좋다. 감사는 부정적인 부분까지 치유되는 신비로운 마술과도 같다. 뭔가에 대해 마음속 깊이 고마움을 느끼는 것은 분노와 같은 부정적 감정을 줄여 준다.

나는 지금도 감사라는 표현을 소중하게 생각한다. 그리고 감사를 아끼지 말며 늘 행동하라고 말하고 싶다! 감사가 없는 하루는 무의미한 삶을 사는 것과 같다. 그런데 감사의 표현이 서툴다고 감사하기를 꺼리는 사람들이 있다. 나 또한 감사 표현이 서툴러 힘든 시절이 있었다. 그럼에도 불구하고 우리는 감사해야 한다. 정신건강에 좋고 자아성찰에 좋고 자기계발에 좋은 감사를 늘 생활화하자!
짜증내지 않고, 화내지 않고, 질투하지 않고 여기까지 읽어주셔서 독자 여러분께 감사합니다!

사람들의 가슴 안에는 수많은 교향곡이 연주되고 있다. 인생의 교향곡 중에서 가장 아름다운 음악은 바로 '감사'라는 음악이다.

행 복 한
동　　행

# 글로벌 성공시대
# 주인공의 특징들

3년 전 TV 프로에 보면 글로벌 성공시대가 있었다. 나도 가끔 보곤 했었는데 거기에는 다양한 모양으로 성공하는 사람들을 볼 수 있었다. 하지만 이런 공식이 있다는 걸 알았다. 성공한 사람들에게는 이런 다섯 단계 정도를 거쳐야만 성공하는 것이라는 것을 나름대로 생각해 보았다.

하나. 모든 사람들에게 미쳤다는 소릴 듣는다.

미쳤다는 소리를 듣는 것은 얼른 듣기에 기분이 나쁠지 모르지만 긍정적인 생각으로 접근을 해 보면 교회에 미쳤다, 공부에 미쳤다, 사랑에 미쳤다···. 하기야 세상 모든 큰일이 제대로 미치지 않고 되는 일이 어디 있을까?

그 옛날 에디슨이 미치지 않았다면 전구를 누가 발명했을까 하는 생각도 해 본다.

둘. 시도해 보는 것이다. Just Do It!

시도하지 않고 되는 것은 없다. 죽이 되든 밥이 되든 쌀에 물을 붓고 불을 때 보는 것이다. 생각만 하다가 날 새는 일···. 장개석 군대가 회의만 하다가 전쟁에 실패했다는 말은 들은 기억이 있다. 깊은 뜻은 잘 모르겠지만 계획하고 실행을 하는 것은 중요한 일이다. 이성계가 위화도에서 회군을 했고, 시저가 루비콘강을 건넜기에 로마의 역사는 달라졌다는데 칼을 뽑았으면 연필이라도 깎아야 하는 것 아닌가 하는 생각이 든다.

셋. 시련이 다가오는 때가 분명히 있다.

세상일이 내가 마음먹은 대로 술술 잘되지는 않는 것 같다.

지난해 있었던 세월호 사건이 우리에게 얼마나 많은 고통을 주었나 하는 생각도 들고 역사적으로도 우리나라에 많은 시련이 닥쳐왔다는 것은 누구나 잘 아는 사실이다. 기업이나 가정이나 우리네 살아가는 생활사에나 시련은 반드시 오는 것이다.

빨래를 해서 말리려고 하니 비 오는 날 진눈깨비 오는 날 빨래가 마를 날이 없다.

넷. 극복하는 단계이다.

그렇다. 극복이란 참으로 아름다운 말인 것 같다.

고진감래, 인내, 참아 내는 일, 다 같은 말이지만 의미가 하나하나 새롭게 들리는 말인 것 같지 않은가?

때로는 몸으로 부딪치고, 때로는 피해 가기도 하고, 때로는 땅 아래로, 때로는 공중으로 넘어가기도 하는 지혜가 있어야 할 것 같다.

제갈공명도 아닌데 시시각각 판단을 하기는 어려운 일도 많지만 극복하는 마인드를 가진 사람만이 넘어 갈 수 있는 고개가 뭐라고 했더라?

다섯. 그대의 이름은 '성공한 사람'이다.


행 복 한
동      행

어렵고 힘든 고개를 넘다 보면 다들 이렇게 말한다. 반대하고 방해하고 비난하던 사람들이 이런 말을 한다.

"그래, 너니까 하지. 너는 남과 다르더라."

반대하고 돌팔매질을 하고 마음에 상처를 줬던 사람에게 3년 후, 5년 후 다시 찾아가서 물어 보면 이렇게 말한다.

"내가 그런 말을 했었니?"

"너니까 하지, 너는 남들과 달랐어."

이런 말을 듣기를 원하는가?

그렇다면 그대 이름은 '성공한 사람'이다.

# 뜨거운 열정과 야망으로
# 청년들에게 전한다

　어렵고 가난했던 어린 시절, 내성적이고 허약한 초등학교 때 학창 시절을 보내던 나는 부모님의 '태권도를 통해 기가 산다.'는 권유로 태권도장에 가게 됐다. 그렇게 태권도에 흥미를 붙여 지속적으로 배웠고 대학교 때 취업을 위해 올라와 대구에서 사범 생활까지 시작하게 됐다. 그러나 시간이 없어 끼니를 제때 못 챙기고 월급이 적어 도장 차가운 바닥에서 자고 일어나는 생활을 반복하다가 피로와 회의를 느끼게 된 나는 무작정 돈을 벌고 싶다는 생각에 월급을 많이 주는 직장에 다니게 되었다. 닥치는 대로 일을 하다 보니 더 욕심이 생겨 주말에는 서울에서 명동 옷 도매 배달까지 했었다.

　그러나 마음 한편으로 태권도에 대한 애정을 버리지 못해 직장생활을 하면서도 운동을 게을리 하지 않았다 그때 나는 크게 내적 갈등을 겪었다.

　모든 걸 정리하고 다시 태권도를 할 것인가, 그대로 직장생활로 나아갈 것인가.

　나의 궁극적인 삶의 목표와 좋아하는 것에 대해 고민하기를 여러 날.

그 끝에 내린 결론은 '어차피 나는 태권도로 돌아와야 한다.'는 것.

나는 뜻하지 않는 교통사고를 당해 왼쪽 무릎이 파열이 되어 평생 움직이지 못한다는 판정을 받기도 했다. 나는 그 사고로 많이 배웠다. 작은 일이라도 우선 실천해보고 시행착오를 겪으면서 초기의 생각을 정리하는 사람이 세상을 변화시킨다는 사실을.

그러던 중 나는 스폰서를 만났다

아침 8시가 조금 넘었을 무렵, 잠결에 걸려온 낯선 전화 한 통. 그동안 나를 쭉 지켜봐 오셨다는 그분은 평택에서 학원을 운영하고 있는데 아파트 밀집지역 모 초등학교 앞에 건물을 인수하여 7월에 오픈한다고 했다. 그리고 건물의 3층에 태권도장을 개관하고 싶은데 맡아서 운영해 볼 생각이 없냐고 했다.

나는 다시 지난날, 초년 사범시절 겪었던 차가운 체육관 바닥에서 새벽에 잠드는 고생의 일상을 반복했다. 그래도 나는 행복했다. 태권도에 대한 넘치는 열정으로 간단히 말해 어떻게 하면 나의 걸어온 경험과 태권도를 응용해서 좀 더 깊은 연구를 시작했고, 오늘날 STA 삼성태권도가 탄생했다.

태권도 관장이자 스포츠심리상담사이기도 한 나는 학생들을 열심히 가르치는 중에도 지속적인 연구와 공부로 가정에서 힘들고 상처받은 아이들을 일주일에 한 번 10분씩 상담으로 치유하고 있다.

'선택은 신중하게 하라. 그러나 선택한 것은 결정한 뒤 절대 돌아보지 말고 사자와 같이 달려 나가라.'는 나의 삶의 중요 가치관이다. 결정을 하는 데는 신중해야 하지만 이미 결정한 것에 대해서는 100미터 달리기 선수가 뒤를 돌아보며 달리지 않듯 후회 없이 질주해야 한다고 생각한다.

인생에서 가장 보람된 순간이 '자신이 하고 싶은 것을 하고 있다는 것을 느낄 때'이다. 일에 대한 열정으로 새벽에 일어나도 피곤하지 않고, 늘 메모하며 영감이 떠오르는 즉시 기록하며 모든 순간을 소중히 살아가고 있다.

지방 세미나 및 강의를 다녀오면서도 메모한 것이 하루만에도 열장이 넘고, 그 자료들은 즉시 정리되어 나의 강의와 교육 자료가 되는 데 큰 도움이 되었다.

나도 모르게 나의 행동이 곧 규칙과 합일이 되었던 것을 알게 되었을 때 나는 행복했다. 규칙에 나의 행동이 가는 것이 아니라 나의 행동이 규칙이 된 것이다. 나의 미래가 궁금하다. 그것 역시 나의 행복의 요소가 된다.

나는 향후 '인생은 60부터 운동한다'라는 주제를 가지고 인터넷, TV뿐만 아니라 각 대학 및 사회단체에서 강의를 할 예정이다.

행 복 한
동       행

# 무도과학경영연구소(MSML)를
# 설립하면서

　내가 10년 동안 도장운영 노하우를 연구하고 나의 노하우를 배우기 위해 전국 관장님들이 하나둘씩 모이기 시작하면서 또 다른 계획을 가지게 되었다.

　그것은 더 좋은 교육과 도장운영을 함께 공유하는 활동을 하며 더 나은 지도자의 삶을 품위 있게 지킬 수 있도록 함께 활동하는 것이었다. 물론 그동안 도장경영을 배우기 위해 전국을 다니며 배운 경험 노하우 덕택에 많은 지식과 경영법을 습득했지만 좀 더 체계적인 무도과학경영법을 하기 위해서는 명분과 구심점이 필요했다. 그래서 설립한 것이 무도과학경영연구소(MSML)이다.

　또한 앞으로 사회봉사와 재능기부 또한 충분히 우리의 이웃을 도와줄 수 있다는 것이 무도과학경영연구소의 비전이라고 생각한다.

　나는 그동안 무도스포츠 과학연구소에 연구원으로 대한민국 시민대상 무예대상

으로 시사뉴스

매거진 CEO인

물선정 태권도 부문대상 종합뉴스매거진 움직이는 리더 대상을 수상했다. 그럴 때마다 나는 자랑스럽게 생각한다. 그것이 내 개인이 받은 것이 아니라 무도과학경영연구소 회원들을 대표해서 받은 것이기 때문이다. 나는 앞으로 초심을 잃지 않고 도장경영 활동을 펼쳐 나갈 것이다.

그것은 바로 봉사를 받는 사람보다 주는 사람이 더 행복하기 때문이다.

> 당신이 더 나이가 들면 당신의 손이 왜 두 개인지 알게 될 것이다.
> 한 손은 당신 스스로를 돕는 손이고 다른 한 손은 다른 사람을 돕는
> 손이라는 것을.
> –오드리 헵번–

행 복 한
동　　행

# 나의 무대

시나리오를 쓰고 연출을 하며 주인공이 되어 공연을 이끌어 가야 한다.

나의 삶을 무대 위에 올려 놓고 마음껏 공연하자.

나는 인생이란 무대에 서 있다.

난 주인공이다.

나만의 스타일.

나만의 마인드.

조연이 아니라 주인공처럼 폼 나게 공연하고 싶다.

우표와 같은 삶을 살아가고 싶다.

목표에 도달할 때까지 한 가지에만 들러붙어 있게….

# 첫 세미나를 열며

겸손해야 하고, 더 많이 경청하고, 더 깊이 있게 준비하여 청중과 함께 하나가 되도록…. 같은 물이 되도록…. 아픔도, 즐거움도 함께 하나가 되자. 기름과 물이 아닌 청중이 하나가 되자. 마음으로, 진심으로, 겸손으로…. 청중이 그토록 간절하게 구하는 것이 무엇인지 깊이 고민하고 숙고하여 하나가 될 수 있는 그런 사람이 되자!

지금 이 순간이 가장 행복합니다.

이제 30대가 넘어 강의장 앞에 서니 모든 분들이 스승이고 삶의 지혜로 무장하신 삶의 선배님들이십니다.

행 복 한

동      행

전국에 모인 관장님들, 오늘 너무 수고 많으셨죠? 항상 따로가 아닌 어떤 곳에서도 하나가 되어주는 마음, 기억하세요. 우리는 하나!

오늘 많은 분들 참석해 주서서 정말 감사드립니다.

멀리서 대구, 부산, 울산, 대전, 서울, 전국 각지에 대단한 분들이 오셨습니다.

턱없이 부족하고 많이 모자라지만 이렇게 용기를 내어 관장님들과 함께 도장경영에 대하여 좋은 시간을 가졌습니다.

전국을 다니며 저도 스타강사들의 세미나를 들으며 배우고 다녔습니다.

저의 부족한 강의를 누가 듣겠냐고 나 스스로에 대한 불안감과 두려움이 있었습니다.

저의 강의는 제가 10년 동안 태권도 지도자로서 노력했던 작은 교육 노하우를 공개하는 자리였습니다.

저와 비슷한 환경, 수준에 계신 관장님들이 정말 많으시다는 것을 잘 알기에 세미나를 준비하면서 두렵고 떨리는 마음입니다.

내가 뭘 잘한다고 세미나를….

가장 절망적일 때 가장 큰 희망이 온다고 합니다. 바로 제 이야기입니다.

오늘 강의 주제는 나의 스토리였습니다.

어려운 시기를 잘 극복하여 도장에 많은 어린 수련생과 성인들이 늘어나길 바랍니다.

제 강의를 잘 들어 주서서 감사드립니다.

어떤 이는 노력이라 하고 어떤 이는 짓이라 합니다.

주말 연휴의 무도과학경영세미나!

어떤 이는 노력하기 위해 무도과학경영세미나로 향했고 어떤 이는 그런 짓을 왜 하냐고 합니다.

노력하는 지도자는 성공해야 합니다.

쉬는 날을 반납하고 노력하신 지도자 분들, 당신들이 있기 때문에 태권도의 미래가 밝습니다. 노력하신 모든 태권도 지도자 분들 고생하셨습니다.

저에게는 청중이 있습니다!

작은 혀로 세상을 논하며 작은 손짓 하나로 세상을 뒤집을 수 있는 강사인 제가 있고 여러분이 있습니다.

행 복 한
동　　행

앞으로 박병호가 개선해야 할 미션 4가지

1. 감동을 주어라.

2. 교훈을 주어라.

3. 흥미, 재미를 주어라.

4. 눈앞에 보이듯이 도형화하라.


늘 노력하는 박병호 대표가 되겠습니다.

# 에필로그

나는 석·박사도 스타강사도 아니다. 평범하게, 그것도 아주 작은 태권도장을 운영하는 사람이다. 지식이 풍부하고 성공한 분

> **꿈을 크게 가져라**
> **깨져도 그 조각이 크다.**

들은 이 책이 필요 없을 것이다. 오히려 내가 그분들을 찾아 배워야 할 것이다. 턱없이 부족하고 많이 모자라지만 용기를 냈다. 내가 뭐가 잘나서 책을 냈을까 하고 자학도 많이 했다.

하지만 이렇게 책을 내겠다는 결심을 할 수 있었던 가장 큰 이유는 바로 직접 경험했고 해 보았기에 누구든 '조금 더'의 차이를 느끼고 배울 수 있다면 반드시 깨우침이 있을 텐데 하는 아쉬움 때문이었다. 그렇다. 이 책의 핵심은 '조금 더'의 차이이다. '조금 더'의 차이가 큰 차이를 만든다.

전국을 다니며 참 많은 사람들을 만났고 부족한 내가 넘치는 사랑 또한 많이 받았다. 지금까지 내가 경험했고 태권도인으로서 살아왔

행 복 한
동  행

던 삶을 여러분과 공유하고자 한다. 이 책에는 그만큼 내 인생이 담겨 있다.

가장 절망적일 때 가장 큰 희망이 온다고 한다. 글을 쓰면서 나도 이렇게 힘든 상황을 극복하면서 마침내 역경을 뒤집어 경력으로 만들었다는 성공담을 들려주고 싶진 않다. 성공하기 위해서는 나처럼 생각하고 행동해야 된다는 교과서적 처방전을 주려는 것도 아니다. 오히려 성공한 결과를 보여주기보다 성취하면서 성장하고 성숙하면서 아팠던 내 삶의 굴곡과 얼룩을 진솔하게 보여주고 싶었다.

이 책을 준비하게 된 또 다른 이유 중 하나는 바로 나와 비슷한 환경, 수준에 계신 분들이 정말 많다는 것을 잘 알고 있기 때문이다.

나는 현재 전국 태권도 및 무예 경영세미나를 다니고 있다. 항상 가방에는 메모지와 다이어리를 넣고 다니면서 『행복한 경영인』이라는 제목의 책을 집필 중이다.

이 책이 여러분들의 삶을 조금 더 활력을 불어 넣어 큰 차이를 만들어 줄 것을 기대하며 이번 '행복한 동행'을 마치고자 한다.

더딘 것을 염려하지 말고
멈추는 것을 염려해라

# 행복한 동행

담원 박병호

아무도 알 수 없는 허허벌판을 걸어갈 때
내 앞에 놓인 발자국을 따라 삶의 긴 여정에서
따뜻한 사람을 만나는 것은 행복한 것입니다.


비바람보다
천둥, 번개, 벼락보다
태풍보다
두려운 게 있다면
혼자라는 것이 참 서글픔입니다.


하지만
살아가면서
깜깜한 세상길이 보이지 않거나
앞이 내다보이질 않을 때
나의 행복한 동행은


귀로 듣는 소리보다
마음속 깊이 허탈한 마음속까지
보듬어 주는 마음치유이자
나에게는 샘터의 행복한 동행이요.
이 간절한 마음…
고요 속에 잠재된 나의 소망일 것입니다.